AF377796

SUPPLÉMENT

AU

MATÉRIEL

DES

HOUILLÈRES

EN FRANCE ET EN BELGIQUE

SUPPLÉMENT

AU

MATÉRIEL

DES

HOUILLÈRES

EN FRANCE ET EN BELGIQUE

ROULAGE SOUTERRAIN — EXTRACTION — AÉRAGE
ÉPUISEMENT DES EAUX
TRANSPORTS ET MANUTENTIONS AU JOUR
LAVAGE DES CHARBONS MENUS ET FABRICATION DES AGGLOMÉRÉS

AVEC UN SECOND ATLAS DE 40 PLANCHES

PAR

AMÉDÉE BURAT

INGÉNIEUR,
PROFESSEUR DE GÉOLOGIE ET D'EXPLOITATION DES MINES A L'ÉCOLE CENTRALE
DES ARTS ET MANUFACTURES.

TEXTE

PARIS

LIBRAIRIE POLYTECHNIQUE

NOBLET ET BAUDRY, ÉDITEURS

15, RUE DES SAINTS-PÈRES, A PARIS. | 6, PLACE SAINT-PAUL, A LIÉGE.

1865
Tous Droits réservés.

Ce travail n'aurait pu être entrepris sans le concours des Compagnies houillères, des Ingénieurs et des Constructeurs qui ont bien voulu mettre à ma disposition les plans et documents relatifs aux constructions de leurs établissements.

Les Compagnies houillères d'Anzin, de Blanzy, de Nœux, du Nord de Charleroi; MM. les ingénieurs L. Chagot, Audemar, Cabany, de Bracquemont, Guibal, de Reydellet, Jouniaux, Charles Detillieux, Revollier jeune, Colson, Quillacq, m'ont spécialement aidé de leur collaboration.

Je prie ces Messieurs d'agréer l'hommage et les remerciements de l'auteur.

AMÉDÉE BURAT.

SUPPLÉMENT

au

MATÉRIEL DES HOUILLÈRES

Dans la première partie de cet ouvrage, nous avons divisé le matériel des houillères en cinq classes distinctes :

CHAPITRE I. Le *roulage souterrain ;*

CHAPITRE II. Les *appareils d'extraction ;*

CHAPITRE III. Les *ventilateurs ;*

CHAPITRE IV. Les *appareils d'épuisement ;*

CHAPITRE V. Les *transports et manutentions au jour.*

Le but de ce supplément est d'ajouter quelques exemples à ceux qui ont été cités précédemment, et de traiter un sixième point de vue qui prend une importance toujours croissante sur les houillères :

CHAPITRE VI. Le *lavage des menus* et la *fabrication des agglomérés ou briquettes.*

Nous nous sommes également appliqués, dans ce supplément, à établir quelques comparaisons entre le matériel des houillères de la France et de la Belgique, et celui des houillères de la Prusse et de l'Angleterre. Ces comparaisons n'ont pas pour but de préciser le matériel de ces deux pays, mais de faire apprécier les différences qui existent avec le nôtre, et les motifs qui ont déterminé ces différences.

Les appareils relatifs aux manutentions et au lavage de la houille, à la fabrication des agglomérés ou briquettes, tiennent une grande place dans ce supplément ; cela est naturel. A mesure que les concurrences réduisent les bénéfices possibles de l'extracteur et l'obligent à produire des quantités plus considérables, on est conduit à rechercher tous les moyens de simplifier les manutentions ; à mesure que le placement des menus et surtout des charbons impurs est plus difficile, les ateliers de lavage et de compression pour agglomérés deviennent plus importants et sont une conséquence plus nécessaire de l'exploitation.

C'est à cause de la multiplicité de ces travaux que l'exploitation de la houille est aujourd'hui, plus encore que par le passé, une spécialité tout-à-fait distincte de la science de l'ingénieur.

Conformément à l'ordre suivi dans la première partie de

ce travail, nous diviserons donc notre sujet en six chapitres, de manière à décrire les quarante planches de ce nouvel atlas, dans l'ordre ci-après.

Nous chercherons d'ailleurs, à être aussi succinct que possible. La plupart des planches s'expliquent elles-mêmes, et le but de leur description doit être principalement d'indiquer les motifs qui ont fait adopter telle disposition et les résultats qui ont été obtenus.

CHAPITRE PREMIER

Roulage souterrain.

PLANCHE 1. Wagon-berline avec caisse en bois (Nœux).
  Essieux creux, système Évrard (de Douai).
— 2. Treuil à frein pour plan automoteur (Anzin).
  Essieu système Cabany.
  Essieu patent de Nœux (Pas-de-Calais).
— 3. Wagon à remblai de Montceau-les-Mines (Blanzy).

CHAPITRE II

Extraction.

PLANCHE 4. Cage avec parachute à excentriques de Montceau-les-Mines.
— 5. Arrêts de cage (clichage) du puits Cinq-Sous (Blanzy).
— 6. Chevalet d'extraction en tôle et fer, du puits Jabin (Loire).
— 7 et 8. Machine d'extraction à cylindres conjugués verticaux, construite par Quillacq, fosse n° 3 de Nœux (Pas-de-Calais).

CHAPITRE III

Aérage.

CHAPITRE IV

Épuisement des Eaux.

CHAPITRE V

Transports et manutentions au jour.

CHAPITRE VI

**Lavage des Charbons menus et fabrication
des agglomérés.**

CHAPITRE PREMIER.

ROULAGE SOUTERRAIN

Les efforts des exploitants sont toujours dirigés de manière à augmenter autant que possible la production d'un puits ou fosse d'extraction.

Extraire beaucoup par le même puits, c'est en effet diminuer les frais généraux et les main-d'œuvres supplémentaires qui pèsent sur le prix des charbons.

Le service des fosses organisées pour ces grandes extractions prend, ainsi que nous l'avons dit, un aspect tout-à-fait nouveau : on y descend précipitamment par les cages d'extraction ou par les fahrkunst, 300 ouvriers au moins ; on double les postes dans les chantiers d'abattage, on excite l'activité de tous par le travail à la tâche et par les primes. Lorsqu'on regarde soit dans les chantiers du fond, soit à la recette du jour, ce travail surexcité et surmené, on se demande si l'on est en présence d'une marche normale et si cette surexcitation fiévreuse peut être continuellement soutenue.

L'industrie houillère est arrivée en effet à la soutenir ; un grand nombre de nos puits produisent aujourd'hui plus de 3,000 hectolitres de houille par jour, c'est-à-dire un million par année ; extraction à laquelle il faut ajouter celle des rochers et le plus souvent encore celle des eaux.

Mais pour la plupart de nos houillères, une pareille production ne peut être soutenue qu'à la condition d'avoir un vaste champ d'exploitation et des travaux préparatoires très-étendus ; conditions difficiles à obtenir dans les bassins du Nord, du Pas-de-Calais et de la Belgique, ou les couches n'ont qu'une faible puissance. Aussi arrive-t-il bien souvent, lorsqu'on parcourt les territoires houillers, que telle fosse dont on avait admiré précédemment l'activité et l'extraction énergique, est tombée à la plus faible production et quelquefois même en chômage.

C'est que les travaux préparatoires n'avaient pu suivre cette grande production ; les étages accessibles à l'exploitation sont déhouillés, il faut en préparer d'autres.

De là, la nécessité d'étendre les travaux en direction. Les galeries d'allongement, *chasses* ou *costresses*, sont prolongées à des distances de 1,000 mètres et au-delà ; les galeries de traverse ou bouveaux, atteignent des longueurs analogues, et les roulages souterrains prennent dans l'exploitation et dans les prix de revient une importance toujours croissante.

Aussi les chemins de fer souterrains et les wagons sont-ils l'objet d'études et d'expériences incessantes ; les moindres détails du matériel de transports ont été examinés et discutés avec une minutie qui peut quelquefois paraître exagérée, et qui est justifiée par l'influence que ces détails exercent sur le prix de revient du roulage.

En ce qui concerne la voie et les wagons, les conclusions paraissent toujours :

1° Que les voies étroites, celles par exemple de $0^m,50$, sont les plus favorables ;

2° Que les rails lames et les fers méplats doivent être abandonnés pour des rails présentant au moins deux centimètres de surface de roulement ;

3° Que les charges ne doivent pas dépasser 400 kilogrammes en poids utile, afin que le rouleur puisse faire tourner son chariot dans les courbes à très-petits rayons, le virer et le manœuvrer sur les plaques de fonte, enfin le remettre sur la voie, en cas de déraillement.

BERLINES EN BOIS.

Planche I.

M. de Bracquemont a appliqué aux mines de Nœux le wagon en bois qu'il avait précédemment expérimenté aux mines de Vicoigne.

La caisse, **Planche I,** *figures* 1 et 2, formée de planches juxtaposées et réunies par des ferrures, est considérée par M. de Bracquemont comme d'une construction plus économique et d'un entretien plus facile que la caisse en tôle.

Elle charge suivant les dimensions indiquées, environ 400 kilogrammes de houille.

Les ferrures disposées de manière à maintenir l'assemblage des planches, sont boulonnées de telle sorte que le démontage et la réparation puissent se faire aussi facilement que possible. Les boucles d'accrochage font partie de ce système de ferrures.

Les essieux sont fixés sur le fond par trois boulons et terminés par des *fusées patent,* dont les dimensions sont indiquées, **Planche II,** *figure* 4. Le réservoir à graisse est d'une grande capacité et peut contenir de la graisse pour quinze jours de marche ; il ferme par un couvercle à ressort. La contre-plaque dressée, ainsi que la surface du moyeu, sont ajustées de manière à fermer le passage de la graisse, sans qu'il soit besoin d'interposer un cuir.

Le mode de construction de ces berlines les rend économiques sous le double rapport du premier établissement et de l'entretien. Leur prix est d'environ **65 fr.** ; prix motivé sur le devis suivant :

		POIDS.
Deux essieux.	18	kilogrammes.
Quatre roues.	42	—
Ferrures et boulons.	26	—
Total des ferrures.	86	kilogrammes.

La caisse en bois pesant **51** kilogrammes, le poids total du wagon se trouve porté à **137** kilogrammes.

Le wagon de M. de Bracquemont est employé dans plusieurs exploitations du Pas-de-Calais, et **M. Évrard,** ingénieur d'une de ces mines, a cherché à en perfectionner le graissage.

Suivant **M. Évrard,** le graissage est toujours défectueux même pour les roues patent, à plus forte raison pour les roues ordinaires ; la boue, la poussière s'introduisent sur les fusées et en déterminent la prompte usure. Il a donc cherché un autre système d'essieu, mieux garanti de ces causes d'usure et dont le graissage fût encore plus assuré que celui des fusées patent. Ce système d'essieu est représenté **Planche I,** *figure* 3.

M. Évrard décrit son système dans les termes suivants :

Cet essieu se compose principalement d'un tube en fer étiré, dans l'intérieur duquel tournent deux fusées portant les roues sur leur prolongement extérieur.

Le tube est alésé à chaque extrémité sur un tiers de sa longueur. Au milieu, dans le tiers non alésé, est logé un réservoir d'huile, de la forme d'un cylindre creux, bouché par ses deux bouts, entrant à l'aise dans cette partie de l'essieu.

Le réservoir d'huile est percé d'un seul trou, d'un centimètre de diamètre à sa partie inférieure et au milieu de sa longueur ; ce trou est imparfaitement fermé par le prolongement d'un bouchon à vis de 9 millimètres de diamètre. Le bouchon est vissé à l'extérieur de l'essieu ; il sert à introduire l'huile dans le réservoir et ferme exactement l'essieu par le contact de son épaulement avec la surface extérieure dressée à cet effet autour du trou fileté.

La fusée se compose d'un cylindre en fer de 26 centimètres de longueur ; elle pénètre à l'aise dans la partie alésée de l'essieu qu'elle remplit exactement. Un espace capillaire cylindrique sépare donc l'essieu de la fusée et tant que cet espace est plein d'huile les métaux ne peuvent s'user étant toujours séparés par une couche de matières lubréfiantes.

La partie de la fusée sur laquelle est fixée la roue est d'un diamètre un peu plus faible que la partie flottante logée dans l'essieu. Il en résulte un épaulement de deux ou trois millimètres, qui sert à retenir la fusée dans l'essieu ; pour cela l'assemblage se fait de la manière suivante :

On introduit la fusée dans un coussinet dont les *figures* 3 et 4 indiquent suffisamment la disposition, puis on fixe la roue par une cale ou par une goupille. On place le réservoir d'huile dans l'essieu, on le maintient en place en vissant le bouchon, puis on boulonne les coussinets sur le châssis en fer, *figure* 5.

On consolide l'assemblage des coussinets avec l'essieu, par deux vis de pression qui pénètrent dans ce dernier de quelques millimètres, *figure* 4, et sont retenues elles-mêmes par une lame de fer qui les empêche de se dévisser.

On remarquera que toutes les pièces qui composent ces essieux sont ajustées sur le tour, condition économique pour la construction. L'huile peut s'y maintenir un mois sans l'interposition d'aucune pièce en cuir ou en caoutchouc.

Le service du graissage est très-facile. Le chariot est amené sur le culbuteur ; l'ouvrier graisseur le renverse, et au moyen d'une clef (attachée à sa veste par une petite chaîne), il dévisse le bouchon, il remplit le réservoir avec sa burette, puis il remet le bouchon. Il est inutile de remarquer que le bouchon une fois engagé dans la clef de l'ouvrier graisseur, ne peut plus s'en séparer que par une petite manœuvre, précaution utile pour ne point le perdre quand il est dévissé.

Le fonctionnement du graissage repose sur le principe du vase de Mariotte.

En effet, aussitôt le chariot redressé sur les roues, quelques bulles d'air entrant dans le réservoir, une quantité d'huile proportionnelle s'en écoule, mais l'air cessant d'arriver, l'écoulement de l'huile cesse également.

L'huile et l'air ne se déplacent de nouveau dans l'intérieur de l'essieu que par l'ébranlement du chariot en mouvement, un peu aussi par les variations de la température et du baromètre ; il en résulte une sortie d'huile excessivement lente qui renouvelle ce liquide entre les surfaces frottantes.

En fait, la dépense d'huile n'est bien réelle que pendant la marche et, d'après les résultats de l'expérience, je puis dire sans erreur sensible que cette dépense est proportionnelle au service rendu.

J'ai fait avec mes berlines le déblai d'une épaisse couche de boue au fond d'une carrière ; pendant plusieurs mois, les essieux ont été baignés dans la boue ; à chaque voyage et après ce service, j'ai retrouvé les fusées parfaitement propres.

Il ne peut y avoir en effet aucun mouvement de corps liquides ou solides de l'extérieur vers l'intérieur de l'essieu : pour qu'un mouvement de cette nature pût se produire, il faudrait qu'il y eût aspiration, et l'aspiration ferait entrer de l'air qui déterminerait la sortie d'une certaine quantité d'huile, ou du moins une tendance à la sortie.

Je crois donc avoir résolu le problème de graisser par un bain d'huile aussi abondant que possible et se renouvelant sans cesse avec le minimum de dépense.

Dans tous les paliers graisseurs, la poussière qui arrive par les espaces nuisibles et le métal rodé par l'action de cette poussière se mélangent à l'huile et sont perpétuellement ramenés entre les surfaces frottantes.

M. de Bracquemont, ingénieur directeur de la Compagnie houillère de Vicoigne, a soumis douze de mes chariots à une expérience de huit mois.

Pendant ce laps de temps, les chariots ont fait le service journalier de la mine, soit un parcours de 16 kilomètres par jour, moitié à vide, moitié à charge ; la charge de houille était de 350 kilogrammes.

Après ce service de huit mois, aucun jeu sensible ne s'était manifesté dans les essieux et les fusées dont les surfaces frottantes étaient intactes.

Il a été constaté que l'effort de traction est bien plus faible qu'avec les autres systèmes employés concurremment.

Le remplissage des réservoirs n'a été renouvelé que tous les *quinze* jours, et encore, après ce laps de temps les réservoirs n'étaient qu'à moitié désemplis.

Une berline avec ses deux essieux n'a consommé que trois décilitres d'huile en vingt-deux jours de travail ; le parcours avait été de 448 kilomètres.

Une berline de 4 hectolitres, construite suivant ce système, avec une caisse en bois solidement reliée par des ferrures pèse 154 kilogrammes, dont 65 kilogrammes pour les essieux assemblés sur le châssis et 89 kilogrammes pour la caisse et ses ferrures.

Il y a déjà deux ans que les essais de ces essieux creux ont été faits et leur usage ne paraît pas s'être étendu. Cette réserve est attribuée au jeu que prennent les pièces par leurs trépidations prolongées, notamment le réservoir à huile et les essieux eux-mêmes qui finissent par laisser passer l'huile trop facilement. Cependant on peut remédier à ces inconvénients, et ce mode ingénieux de construction est une solution intéressante du problème des essieux et des fusées pour les wagons de mine.

Le type de berline adopté par M. Évrard est d'ailleurs identique à celui qui est appliqué par M. de Bracquemont aux charbonnages de Vicoigne et de Nœux, type qui résume les principes que nous avons posés précédemment.

Nous avons eu occasion de vérifier encore ces principes au charbonnage du Nord de Charleroi, ou M. Jouniaux, après avoir employé pendant huit ans à la fosse n° 4, dite de Rianwelz, la voie de 0^m,60, les rails-lames et des wagons portant 500 kilogrammes de charge, a trouvé avantageux de modifier ces conditions pour appliquer celles qui se trouvaient depuis longtemps employées au puits n° 3, dit de Sart-les-Moulins. Le roulage normal des fosses du Nord de Charleroi se trouve dès lors établi dans les conditions suivantes :

Les chariots sont en tôle, de 4 hectolitres, avec des roues

de 0^m,21, roulant sur des rails de 7 kilogrammes, dont la largeur au champignon est de 0^m,21. Ces chariots pèsent 135 kilogrammes et chargent en moyenne 370 kilogrammes.

Le roulage établi dans ces conditions ne peut être bien apprécié qu'en tenant compte non-seulement de l'effet utile de chaque rouleur, mais de la force moyenne du rouleur. A Charleroi, dans l'exemple indiqué, le roulage est fait par des femmes de douze à vingt-huit ans, dont le salaire varie de 1 fr. 20 cent. à 1 fr. 80 cent. par journée.

La méthode d'exploitation appliquée est celle des tailles par gradins, suivie en chassages, de telle sorte que toutes ces tailles sont desservies par voies horizontales, reliées au chassage principal par des plans inclinés automoteurs.

Les relais établis sur les voies horizontales sont de 80 à 200 mètres, suivant la force des hercheurs, et suivant la production plus ou moins active des tailles.

Le poste des hercheurs commence à sept heures du matin et finit en général à cinq ou six heures du soir.

Quatorze tailles étaient en exploitation lorsque l'état suivant a été dressé et la production journalière s'élevait à 2,800 quintaux métriques de charbon.

Dans ces conditions, l'effet utile des hercheurs a été détaillé de la manière suivante par M. Jouniaux :

Voici quelques calculs servant à déterminer l'effet utile produit par les hercheurs, par les chevaux et par les plans inclinés formant l'ensemble du transport souterrain à la fosse n° 3, dite de Sart-les-Moulins.

Quatorze tailles sont en exploitation pour une production journalière de 2,800 quintaux métriques..

Le tableau ci-après indique les divers parcours et la dépense correspondante par chacune des couches exploitées :

	Coût.		Parcours par taille.
	fr.	c.	m.
Veine nº 16. A l'étage de 244 mètres au couchant.			
1re taille, 2 hercheurs. . . . . 1,20 + 1,80	3	»	175 »
2me taille, 2 1/2 hercheurs. . . 1,20 + 1,20 + 0,75	3	15	147 »
3me taille, 1 — . . . 1,25	1	25	80 »
Veine nº 18, même étage.			
1re taille, 1 hercheur. 1,60	1	60	90 »
2me — 1 — 1,40	1	40	60 »
Du pied du plan incliné jusqu'au bouveau, les deux tailles	0	85	40 »
Veine nº 27, même étage.			
Taille vallée, 2 hercheurs. . . . . 1,80 + 1,80	3	60	180 »
Veine nº 14, étage de 310 mètres.			
2me taille, 2 hercheurs. . . . . 1,70 + 1 »	2	70	142 »
3me — 1 — 1,50	1	50	83 »
4me — 1/2 — 0,90	0	90	60
Du pied du plan incliné jusqu'au puits, 120 m., soit pour			
3 tailles 360 m. et 3 hercheurs 1,30 + 1 » + 1,80	4	10	360 »
Veine nº 15, même étage.			
1re taille, 2 hercheurs. . . . . 1,70 + 1,60	3	30	330 »
2me — 2 — . . . . . 1,60 + 1,50	3	10	355 »
3me — 3 — . . . . . 1,20 + 1,60 + 1,80	4	60	400 »
4me — 1 — 1,50	1	50	139 »
me — 1 — 1,40	1	40	74 »
Du pied du plan incliné jusqu'au puits 73m + 5e taille			
= 365 m. 2 hercheurs. . . . . 1,50 + 1,50	3	»	365 »
Ensemble.	40 f.	95 c.	3,080 »

Ainsi donc pour une dépense de 40 fr. 95 c. par jour on transporte le produit de quatorze tailles, soit 2,800 quintaux métriques, à une distance moyenne de $\frac{3080}{14} = 220$ mètres. Le chiffre de 2,800 quintaux métriques multiplié par le parcours moyen de 220 mètres, représente l'effet utile total, soit 61.600.000 k. × m.

L'effet utile d'un hercheur payé à 1 fr. 80 c. est donc de $\frac{61.600.000 \times 1.80}{40.95} = 2.702.800$ k. × m.

Un quintal métrique transporté à **100** mètres coûte donc par her-cheur, fr. 0,0067.

Transport par plans inclinés pour les mêmes tailles :

	Nombre de tailles des-servies.	Dépense		Longueur de chaque plan incliné.	Par-cours par taille.
		Frei-neurs	Accro-cheurs.		
Veine n° 16, étage de 244 m. couch.		f c.	f. c.		
1er plan incliné	2	1 80	1 50	30 »	60 »
2me —	1	1 60	1 40	30 »	30 »
Veine n° 18, même étage.					
1er plan incliné	1	1 40	0 85	28 »	28 »
Veine n° 14, étage de 310 mètres.					
1er plan incliné	3	3 60	1 80	22 »	66 »
2me —	2	3 »	1 70	22 »	44 »
3me —	1	1 80	1 80	22 »	22 »
Veine n° 15, même étage.					
1er plan incliné	4	2 80	1 80	30 »	120 »
2me —	3	1 80	1 80	30 »	90 »
3me —	2	1 80	1 50	30 »	60 »
4me —	1	1 50	1 »	30 »	30 »
		21 10	15 15		
		36 f. 25 c.		» »	550 »

La dépense totale pour les dix plans inclinés est donc de 36 fr. 25 c par jour pour la main-d'œuvre.

Il faut de plus tenir compte de la dépense en câbles et autres frais inhérents au service des plans inclinés.

La longueur totale des câbles (chaînes et cordes) fonctionnant sur ces divers plans inclinés est de 224 mètres représentant une valeur de 502 fr. 40 c.

La durée moyenne pouvant s'estimer à cent quarante jours de travail pour les cordes et huit années pour les chaînes, la dépense journalière de ce chef ne serait que de 0 fr. 25 environ, en tenant compte de la valeur des cordes et chaînes hors de service.

Le remplacement des sabots, le graissage, et en général, tout l'entretien des freins peut être évalué à 1 franc par jour. On peut aussi estimer à 0 fr. 75 c. par jour, l'amortissement de ces dix appareils.

Ces frais réunis et ajoutés à la dépense en main-d'œuvre donnent un total de 38 fr. 25 c. par jour, pour le transport sur 500 mètres de plans automoteurs, soit en moyenne 55 mètres pour chaque taille.

L'effet utile sur ce parcours est donc de :

$$\frac{2.800^{qx} \times 10}{14} \times 2.000^{qx.} \times 55^{m.} = 11.000.000 \text{ k.} \times \text{m.}$$

Un quintal métrique transporté à 100 mètres a donc coûté :

$$\frac{38.25 \times 100}{110.000} = \text{f. } 0,347.$$

En ne tenant compte que de la main-d'œuvre pour le service des plans inclinés, cette dépense n'est que de 0 fr. 0329 par quintal métrique.

Transport par chevaux.

A l'étage de 240 mètres, trois chevaux sont employés au transport des charbons provenant de cinq tailles en exploitation au couchant de la Faille, à une distance moyenne du puits de 840 mètres, desservant en même temps l'exploitation de la veine n° 27, soit une taille sur un parcours de 340 mètres.

La dépense de ce service se résume comme suit :

		Sommes.
Palefreniers et conducteurs	2,50 + 2,25	4 f. 75 c.
Aides palefreniers et conducteurs	1,50 + 1,70	3 20
Accrocheurs.	1,30 + 1, 0	2 30
Avanceurs chariots.	1,80.	1 80
1/6 des frais du dimanche pour les palefreniers.		0 63
ENSEMBLE.		12 f. 68 c.

Nourriture pour 7 jours par cheval :

49 kilogrammes	avoine	à f. 15,60 les 100 kil.	=	7 f. 64 c.
42 —	foin	à 7,60	—	=	3 19
38.5 —	paille	à 5,00	—	=	1 92
7 —	orge	à 20 »	—	=	1 40
TOTAL.				14 f. 15 c.

A reporter. . . . 12 f. 68 c.

Soit par jour de travail $\frac{14.15}{6} =$ 2 f. 36 c.

Ferrage, harnais, médicaments
et divers. 0 24

ENSEMBLE. . . . . 2 f. 60 c.

Report . . . . . 12 f. 68 c.

Ou une dépense journalière de 7 f. 80 c. pour 3 chevaux. 7 80

TOTAL. . . . . 20 f. 48 c.

L'amortissement des chevaux et harnais et matériel d'écurie peut
s'estimer, par jour, à 0 fr. 75 cent. 0 75

ENSEMBLE. . . . . . 21 f. 23 c.

Le parcours moyen se détermine comme suit :

$$\frac{5^t \times 840^m + 1^t \times 340^m}{6} = 756,70.$$

L'effet utile sur ce parcours est donc de :

$$\frac{2,800^{qx} \times 6}{14} = 1,200^{qx.\ m.} \times 756,70 = 90.804.000 \ k. \times m.$$

L'effet utile pour chaque cheval équivaut donc à 30.268.000 k. $\times$ m.

Un quintal métrique transporté à **100** mètres au moyen de chevaux a coûté $\frac{21^f,23 \times 100}{90.804\ 000\ k. \times m.} =$ fr. 0,00233.

En ne tenant pas compte de l'amortissement des chevaux, harnais, etc., ce prix de revient ne serait que de fr. 0,00225.

RÉCAPITULATION.

Voies parcourues par hercheurs. . . . . 3,080 m.
Plans inclinés.   550
Voies de traînage par chevaux. 4,540

ENSEMBLE. . . . . . . 8,170 m.

Soit pour chaque taille 583^{m}60.

fr. c

Dépense pour hercheurs. 40 95
— pour plans inclinés. 38 25
— pour chevaux. 21 23

ENSEMBLE. 100 43

Ainsi donc 2,800 quintaux métriques, transportés à une distance moyenne de 583^m,6, dont 37.7 pour 100 par les hercheurs, 6.8 pour

100 sur plans inclinés et 55.5 pour 100 par les chevaux, ont coûté 100 fr. 43 c.; il en résulte qu'un quintal métrique transporté à 100 mètres revient à fr. 0,00614.

Si l'on ne fait pas entrer en ligne de compte la consommation d'objets nécessaires au service des plans inclinés, et si l'on néglige l'amortissement des chevaux, harnais, etc., on obtient un résultat encore inférieur, soit fr. 0,00598 pour un quintal métrique transporté à 100 mètres.

De cette spécification des conditions de roulage souterrain à la fosse n° 3 de Sart-les-Moulins, nous rapprocherons la spécification comparative faite par M. Jouniaux, du roulage souterrain qui existait à la même époque à la fosse n° 4, dite de Rianvelz. Cette comparaison présente un certain intérêt parce que le matériel de roulage de la fosse n° 4, différait sensiblement du précédent.

Les chariots en tôle servant au transport intérieur de la fosse n° 4 étaient plus grands que ceux employés à la fosse n° 3 lorsque cette comparaison a été établie; ils portaient 440 kilogrammes de charge utile et pesaient 127 kilogrammes sans charge, non compris 38 kilogrammes, poids des roues. Ils étaient montés sur quatre roues à gorge, d'un diamètre de $0^m,25$, roulant sur des lames en fer d'une épaisseur moyenne de $0^m,008$. Ces rails, qu'on a dû remplacer, étaient trop faibles; ils s'usaient facilement, et en peu de temps le rebords des roues touchaient aux bois des rails, ce qui rendait le transport plus lourd.

Le système d'exploitation est d'ailleurs le même qu'à la fosse n° 3; le transport des hercheurs s'effectue seulement sur des voies horizontales ayant une pente moyenne de $0^m,01$ par mètre.

Treize tailles, dont deux à l'étage de 165 mètres et onze à l'étage de 240 mètres, étaient alors en exploitation au puits n° 4, pour une production journalière de 850 chariots, soit 3,740 quintaux métriques.

Le roulage établi pour ces conditions d'exploitation et de matériel a été analysé par M. Jouniaux dans les termes suivants :

Le herchage est distribué comme suit :

	Dépenses.		Parcours par taille.
	fr.	c.	m.
Veine n° 11. Étage de 165 mètres.			
Taille de niveau (1,80 + 1,50) + (1,50 + 1) + (1,80 + 1,10) + (1,80 + 1).	11	50	380 »
Grande-Veine. Même étage.			
Taille de niveau (1,70 + 1,40) + (1,80 + 0,90) + (1,50 + 1).	8	»	310 »
Veine n° 13. Étage de 240 mètres.			
Taille de niveau couch. (1,80 + 1) + (1,60 + 1,20).	5	60	500 »
2ᵐᵉ taille de niveau couch. (1,80 + 0,90) + 1,80. . .	4	50	120 »
Veine 7 paumes. Même étage.			
Taille de niveau couch. 1,80.	1	80	40 »
2ᵐᵉ taille de niveau couch. (1,80 + 1,20)	3	50	160 »
Grande-Veine. Même étage.			
Taille de niveau couch. (1,80 + 1).	2	80	120 »
— — en retour (1,80 + 100). . . .	2	80	135 »
2ᵐᵉ taille couch. (1,80 + 1,10) + (1,80 + 1).	5	70	280 »
— — en retour (1,80 + 1,20) + (1,80 + 120).	6	»	260 »
Pour les deux secondes tailles, rouler sur le 2ᵐᵉ bouveau de recoupe de 45 mètres (1,80 + 1,00).	2	80	90 »
Du pied du plan incliné n° 11 couchant, sur un parcours de 16 mètres, pour 4 tailles, 1,60.	1	60	64 »
Veine 7 paumes. Même étage.			
3ᵐᵉ taille levant.			
— — en retour	1	80	80 »
Grande-Veine.			
3ᵐᵉ taille levant			
Ensemble.	57 f. 90 c.		2,539 m.

Le herchage est distribué comme suit :

Le parcours moyen étant par taille de $\frac{2539}{13} = 195^{m},30$,

L'effet utile total sera de $3.740^{qx\ m.} \times 195,30 = 73.042.200$ k. $\times$ m. C'est-à-dire de $\frac{73,042,200\ k.\ m. \times 1\ fr.\ 80\ c.}{57.90}$ 2.269.400 k. $\times$ m. par hercheur.

Un quintal métrique transporté à **100** mètres revient à : $\frac{57^{f}\ 90 \times 100}{73.042.200\ k.\ m.} =$ fr. 0,0079, soit fr. 0,0012 de plus qu'au n° **3**.

Il faut attribuer cette majoration du prix de revient, comparativement au herchage de la fosse n° **3**, d'abord au mauvais état des voies, et ensuite à l'obligation où l'on est de placer deux hercheurs pour un chariot ; le poids à manœuvrer étant de **20** pour **100** plus plus fort que celui des chariots du n° **3**.

Transport sur les plans inclinés.

Deux plans inclinés sont établis dans la veine n° **11** pour desservir sept tailles : le premier, au couchant, pour quatre tailles ; et le second, au levant, pour trois tailles.

	Nombre de tailles desservies.	Dépenses		Longueur des plans inclinés.	Longueur totale.
		Freineurs.	Accrocheurs.		
PLAN INCLINÉ DU COUCHANT		f. c.	f. c.	m.	m.
2ᵐᵉ taille du n° 11. . . .	4	1 80	1 30	25 »	100
2ᵐᵉ — 7 paumes					
2ᵐᵉ — Grande veine. . .					
2ᵐᵉ — — . . .					
PLAN INCLINÉ DU LEVANT.					
3ᵐᵉ taille 7 paumes.	3	2 »	1 80	70 »	210
3ᵐᵉ — — en retour					
3ᵐᵉ — Grande veine. . .					
TOTAL.	7	3 f. 80 c.	3 f. 10 c.		310 m.
		6 f. 90 c.			

La dépense journalière pour le service des plans inclinés est donc de **6 fr. 29 c.** pour sept tailles.

Le parcours moyen pour chaque taille est de **44ᵐ,30**.

La longueur des câbles pour les deux plans inclinés est de **105** mètres d'une valeur de **130** fr. La durée moyenne des chaînes étant de huit années, l'amortissement de cette dépense est pour ainsi dire insignifiant, si l'on tient compte de la valeur des chaines susceptibles d'être utilisées à d'autres usages, après leur mise hors de service pour le traînage. Le remplacement des sabots à frein, le graissage, l'entretien, etc., et l'amortissement des freins peut s'évaluer à fr. 0,50 par jour; la dépense en main-d'œuvre et consommations s'élève donc à 7 fr. 40 c.

L'effet utile des plans inclinés, rapporté à l'extraction totale, est de $\dfrac{3740_{qx} \times 7}{13} = 2003_{qx\ m.} \times 44.30 = 8.922.000\ k. \times m.$

Un quintal métrique transporté à **100** mètres coûte donc : $\dfrac{7.40 \times 100}{8.922.000} = 0,0082$. En ne tenant compte que de la main-d'œuvre pour le service des deux plans inclinés, cette dépense n'est que de **fr. 0,0077** par quintal métrique.

Transport par chevaux.

Dix chevaux sont employés au traînage.

A l'étage de **240** mètres, le parcours moyen est de **720** mètres au levant pour trois tailles, est de **820** mètres au couchant pour huit tailles; ensemble onze tailles employant 8 chevaux.

A l'étage de **165** mètres, 2 chevaux transportent à une distance moyenne de 500 mètres le produit de deux tailles.

Cette partie de traînage nécessite les dépenses suivantes :

4 conducteurs à 2 francs.	8 f. » c.
4 aides-conducteurs, 1,80 + 1,70 + 1,40 + 1,70.	6 60
3 accrocheurs, 1,50 + 1,80 + 1,20.	4 50
2 avanceurs chariots, 1,80 + 1,80.	3 60
2 palefreniers à 2,25.	4 50
1/6 des frais du dimanche.	0 75
TOTAL DES SALAIRES.	27 f. 95 c.

Nourriture pour 7 jours, par cheval :

					f. c.
56 kilog.	avoine	à fr. 15,60 les 100 kil.			8,73
46.6 —	foin	à fr. 7,60	—		3,54
45.4 —	paille	à fr. 5,00	—		2,27
» 7 —	orge	à fr. 20,00	—		1,40
			Fr. . .		15,94

A reporter. . . . . . 27 f. 95 c.

f. c.

Report 27 95

Soit par jour de travail . . . . $\frac{15.94}{6}$ = fr. 2,66

Ferrage, harnais, médicaments et divers 0,24

ENSEMBLE . . . . . . fr. 2,90

Soit pour 10 chevaux, 2,90 × 10 = ... 29 »

L'amortissement des chevaux, harnais, matériel d'écurie, etc., peut s'évaluer à fr. 2,50 par jour 2 50

ENSEMBLE 59 45

Le parcours moyen pour treize tailles est de :

$$\frac{500 \quad 720 + 720 \times 3 + 830 \times 3}{13} = 747^{m}70.$$

L'effet utile correspond à 3,740 quintaux métriques multipliés par 747,70 = 279.639.800 k. × m., soit par cheval $\frac{279639800}{10}$ = 27.693.980 k. × m.

Un quintal métrique transporté à 100 mètres a donc coûté :

$$\frac{59.45 \times 100}{2796898} = \text{fr. } 0,0021.$$

Sans tenir compte de l'amortissement des chevaux, harnais, matériel d'écurie, etc., le quintal métrique transporté à 100 mètres coûte fr. 0,0020.

RÉCAPITULATION.

Le parcours moyen des hercheurs est de . . .   2,539 mètres.
Le parcours moyen des plans inclinés est de.   310 —
Le parcours moyen des chevaux est de . . . .   9,720 —

ENSEMBLE . . . . 12,569 mètres.

Soit 966^m80 en moyenne par taille.

f. c.

Dépense pour hercheurs 57 90
  — pour plans inclinés 7 40
  — pour chevaux 59 45

TOTAL . . . . 124 f. 75 c.

Un quintal métrique transporté à 100 mètres, dont 20 par 100 hercheurs, 2,5 pour 100 par plans inclinés et 77,5 pour 100 par chevaux, coûte $\frac{124.75 \times 100}{966.8 \times 3740}$ = fr. 0,0035.

Ces comptes sont peut-être un peu détaillés, mais nous les donnons dans un double but :

Le premier est de préciser autant que possible la proportion qui doit exister entre le hercheur et le wagonnet qu'il doit conduire et manœuvrer.

Le second est de formuler un type des calculs qu'un ingénieur de houillère doit faire et répéter souvent pour se rendre compte de tous les éléments constituant le prix de ses roulages souterrains.

Dans ce service, tous les détails doivent être analysés, et pour le cas particulier, il est résulté de cette analyse une démonstration utile : c'est qu'il y avait avantage à remplacer le modèle des wagons du n° 4 par celui des wagons du n° 3, puisque le service des hercheurs, qui est toujours l'élément principal du roulage souterrain, se faisait plus économiquement à cette dernière fosse.

Si maintenant on met en regard, pour bien les comparer, les résultats obtenus par le roulage souterrain dans les deux fosses, on sera frappé de la différence qui existe à l'avantage de la fosse n° 4, bien que le transport par hercheur y soit sensiblement plus élevé.

Cette différence résulte du développement donné au service des chevaux.

Cet exemple démontre donc, encore, l'avantage des galeries à chevaux et l'économie considérable qui peut en résulter dans une exploitation.

Tels sont les faits mis en évidence par le tableau comparatif suivant, qui résume les effets utiles et les prix de transport obtenus dans les deux fosses.

TABLEAU RÉCAPITULATIF

Pour les deux Puits

FOSSES.	TRANSPORT PAR HERCHEURS.			TRANSPORT PAR PLANS INCLINÉS		TRANSPORT PAR CHEVAUX.			ENSEMBLE	
	EFFET UTILE EN k×m		COUT d'un QUINTAL métrique transporté à 100 mèt.	EFFET utile TOTAL en k×m	COUT d'un QUINTAL métrique transporté à 100 mèt.	EFFET UTILE EN k×m		COUT d'un QUINTAL métrique transporté à 100 mèt.	EFFET utile TOTAL en k×m	COUT d'un QUINTAL métrique transporté à 100 mèt.
	Calculé par Hercheurs de 1 fr. 80 c.	TOTAL.				par CHEVAL.	TOTAL.			
Fosse n° 3...	2.702.800	61.600.000	0 f. 0067	11.000.000	0 f. 0347	30.268.000	90.804.000	0 f. 00233	162.404.000	0 f. 00614
Fosse n° 4...	2.269.40	73.043.200	0 f. 0079	8.922.000	0 f. 0082	27.693.800	276.639.800	0 f. 00210	358.604.000	0 f. 00350

Les principes précités au sujet de la charge des chariots ne sont pas absolus et la Compagnie d'Anzin continue l'application d'environ 3,000 berlines système Cabany, représenté dans notre premier atlas, la charge de ces berlines étant de 500 kilogrammes.

Une modification importante a été introduite par M. Cabany dans la construction de son essieu, elle est représentée **Planche II,** *figure* 2.

La pratique a démontré que les boulons qui maintiennent la roue sur la fusée, prenaient toujours du jeu. Le diamètre de la fusée a été augmenté; il a été porté à $0^m,04$ au point d'encastrement.

Le moyeu des roues s'usait avant que la roue elle-même fût hors de service. M. Cabany a donc employé des coussinets en *fonte,* disposés ainsi que l'indique la figure 2.

La jante creuse des roues ayant été coulée en coquille, on a évité l'usure rapide dont on se plaignait, et le système fonctionne dans des conditions satisfaisantes.

La **Planche II** représente encore un élément essentiel du roulage souterrain; c'est un cadre portant la poulie, et le frein d'un plan incliné automoteur.

Ce système de construction a été adopté par la Compagnie des mines d'Anzin pour toutes ses exploitations; de telle sorte qu'elle a toujours en magasin des appareils préparés. Quelques heures suffisent, dès lors, pour le mettre en place, et le service gagne en célérité. En même temps, on simplifie les main-d'œuvres d'installation au fond, qui sont plus dispendieuses qu'au jour.

L'exécution grossière des appareils n'est pas d'ailleurs un élément d'économie : la précision et le montage exact de l'engrenage, la sûreté de l'action du frein, peuvent éviter plus d'un accident sur un plan incliné, et l'entretien plus facile des wagons qui circulent sur ces plans, compensera largement les frais de premier établissement.

L'appareil représenté, **Planche II**, *figure* 1, réunit tous ces avantages, sans qu'il soit besoin de l'expliquer.

Nous ajouterons que toutes les fois qu'il s'agira d'exploitation en vallée et que le plan sera ascendant au lieu d'être automoteur, une bonne exécution sera d'autant plus nécessaire.

WAGON A REMBLAIS.

Planche III.

Les couches puissantes de 10 mètres et au-delà, qui caractérisent certains bassins houillers de la France, étaient exploitées jusqu'il y a trente ans par diverses méthodes comprises sous la dénomination générale de *galeries* et *piliers*. Ces méthodes avaient pour but d'enlever une partie du gîte au moyen de plusieurs systèmes de galeries croisées, laissant le reste sous forme de piliers pour soutenir les excavations.

Après les premiers *traçages* faits dans une couche, on est arrivé à diminuer progressivement les piliers, de telle sorte que presque toutes ces anciennes exploitations s'effondraient et devenaient inaccessibles.

Lorsqu'on fait le calcul des charbons ainsi exploités dans une couche, on arrive toujours à constater qu'il y a au plus la moitié de la houille enlevée, et lorsqu'il y a plusieurs étages de galeries, séparées par des soles, cette proportion ne dépasse pas le tiers du gîte.

Ces anciennes exploitations ont été reprises dans presque tous les bassins, en remblayant les vides et procédant ensuite à l'abattage des piliers et des soles. Aujourd'hui, il est beaucoup plus simple et plus économique de procéder dès le principe par remblais.

La méthode par remblais exige, en général, l'exploitation de déblais pris à l'extérieur. Ces déblais sont descendus par des puits spéciaux et conduits vers les excavations par des galeries dont le niveau est établi de manière à opérer le versage des déblais à la partie supérieure des excavations à remblayer.

On choisit en général pour les remblais, des terres d'un abattage économique, mais un peu grasses, et dont le versage n'est pas toujours facile.

Pour descendre, transporter et verser des déblais, il faut un matériel particulier, c'est-à-dire des wagons solides, qui puissent se basculer à 45 degrés et recevoir les chocs que nécessite le vidage complet.

Ces wagons doivent être par conséquent en bois, avec armatures en fer ; la **Planche III** représente le type adopté par les mines de Blanzy.

La contenance de la caisse est de $4\frac{1}{2}$ hectolitres.

Cette caisse, consolidée par quatre montants latéraux, est munie à l'avant, d'une porte à charnière qui s'ouvre et se ferme au moyen d'un verrou ; elle se verse en tournant autour d'un des essieux.

Dans sa position normale, elle est appuyée sur les traverses du train ; le centre de gravité se trouvant placé de telle sorte que pour la basculer il faut un certain effort, facilement déployé par le rouleur.

Les ferrures, sauf les tôles d'angle, sont boulonnées de telle sorte qu'elles puissent être facilement démontées, réparées et changées.

La **Planche III** donne à la fois la disposition des bois, des ferrures, de la caisse et du train, avec les cotes indiquant les dimensions auxquelles on a été conduit par la pratique.

Ces wagons à remblais, descendus par les cages ordinaires, faciles à manier et d'un bon service, peuvent être présentés comme un des types les mieux étudiés.

ROULAGES MÉCANIQUES.

La fonction des *rouleurs*, *hercheurs* ou *sclauneurs*, chargés des transports souterrains de la houille depuis les tailles ou chantiers d'abattage jusqu'aux puits d'extraction, est une des plus importantes de l'exploitation. Sur ce point, les houillères du continent se trouvent dans des conditions de grande infériorité, comparativement aux houillères anglaises, et l'on ne cesse de se préoccuper de transporter dans nos mines, les procédés de roulage mécanique, employés d'une manière générale en Angleterre. Mais les conditions sont tellement différentes que les applications de ces procédés sont encore presque nulles dans les houillères du continent.

Les machines intérieures sont très-multipliées dans les houillères anglaises pour toutes les manœuvres du roulage souterrain. Dans le plus grand nombre des cas, les chaudières sont intérieures, et les produits de la combustion débouchent dans le puits d'aérage qui sert ainsi de cheminée.

Ces machines, généralement à deux cylindres, sont presque toujours disposées de la même manière, et l'atelier Murray, de Chester, s'est fait une spécialité de leur construction. On peut rapporter les dispositions adoptées à plusieurs types, dont les croquis, *figures* 1 et 2, **Planche XL,** indiquent les conditions générales.

La *figure* 1 indique la disposition ordinairement adoptée pour une voie unique, desservie par un câble sans fin, dont une extrémité est attachée à l'avant et l'autre à l'arrière du train entraîné.

On n'emploie souvent, qu'un seul tambour, sur lequel le câble fait seulement quelques tours ; une des extrémités se déroulant lorsque l'autre s'enroule.

Lorsque la voie desservie est double, ce qui arrive surtout pour les vallées que les Anglais prolongent quelquefois à plus de 2 kilomètres, le service est fait par des câbles indépendants enroulés sur deux tambours. Ainsi, un pignon commande deux roues d'engrenage, dont chacune fait marcher un des tambours. Ces tambours, pour l'exemple indiqué des houillères Dunkirck, *figure* 2, ont un diamètre de $2^m,43$ et une largeur de $0^m,63$; ils sont réunis par un engrenage, et conduits par une machine à deux cylindres de $0^m,38$ de diamètre et $1^m,22$ de course.

Une autre disposition, exclusivement appliquée au service des vallées, permet de remonter les trains de wagons pleins, ceux des wagons vides descendant par leur poids. Deux tambours indépendants peuvent à volonté être embrayés ou débrayés, de sorte qu'on peut faire le service des galeries débouchant dans la vallée à deux niveaux différents. Des tambours de 5 mètres de diamètre peuvent être ainsi manœuvrés à volonté par les embrayages ; débrayés et abandonnés à eux-mêmes ; ou, enfin, arrêtés par des freins.

Un appareil de ce genre établi aux houillères de Bradford, est mis en mouvement par une machine à deux cylindres de $0^m,43$ de diamètre et $0^m,90$ de course.

Les convois entraînés sont, dans presque tous les cas, de 50 à 56 wagons.

Le peu de solidité des galeries de nos houillères ne permet pas l'emploi de ces roulages mécaniques. Les voies souterraines manquent de stabilité dans la plupart de nos exploitations, et leurs dérangements sur un sol qui se gonfle et se dilate, déterminent des déraillements fréquents. Enfin, l'allure moins régulière de nos gîtes n'assure pas des transports aussi durables et d'un aussi grand tonnage.

Mais le désir subsiste de voir les essais se multiplier ; nous donnerons en conséquence quelques détails sur un cas de traction mécanique employé dans les houillères de *Great-Hetton* (bassin de Newcastle), étudié par M. Audemar, qui l'intitule : *Roulage par la même machine sur deux parcours différents.*

Cette installation avait pour but de prendre des convois

à la partie inférieure d'une vallée de 2,500 mètres de longueur, dont la pente était de 0^m,08 par mètre ; puis, de les transporter au puits d'extraction par une galerie horizontale de 1,000 mètres.

Une seule machine était chargée d'effectuer le double transport sur les deux voies. Elle était placée près de leur point d'intersection, ainsi que l'indique la *figure* 5 de la **Planche XL**, et donnait le mouvement, au moyen d'engrenages, à quatre tambours : deux pour le plan incliné ascendant, deux pour la galerie. Les voies étaient doubles dans la galerie et dans la descenderie.

Les tambours et les engrenages ont été calculés de telle sorte qu'un train de pleins, montant sur le plan incliné, arrive en haut, mais encore sur la pente, au moment où le train des vides arrive sur le palier.

A ce moment, le train des vides est décroché et descend par l'effet de la pente, entraînant le câble attaché à l'arrière jusqu'à des tasseaux qui l'arrêtent exactement à côté du convoi des pleins. Le moteur est arrêté, on fait l'échange des câbles et la manœuvre se continue.

Au moment où le train des pleins passe à portée du câble détaché le premier de l'avant des vides, on l'attache à l'arrière.

Le temps nécessaire à ces manœuvres est d'environ 30 secondes, et l'on s'aperçoit à peine des interruptions. Mais il faut dire que tous les détails sont étudiés de manière à éviter toute perte de temps.

M. Audemar cite notamment le crochet qui amène le convoi des vides comme méritant une mention. Ce crochet se compose d'une agrafe qui se fixe au bas du premier wagon, mais qui est en même temps attaché à la partie supérieure de ce wagon, au moyen d'une bande de caoutchouc. Tant que la machine tire le convoi, le caoutchouc tendu contribue à maintenir la traction normale du train ; mais si le moteur s'arrête, il relève et détache le crochet. Le plus souvent, un gamin détermine le décrochage en frappant un coup sur le caoutchouc tendu, au moment où la machine marche très-lentement. La *figure* 6 explique les fonctions de ce crochet en indiquant ses deux positions.

Les transmissions mécaniques sont appliquées dans cette mine, à toutes les parties du service. Ainsi, les convois doivent traverser sur plusieurs points des portes d'aérage ; le train les ouvre lui-même en heurtant, au moment convenable, un système de leviers, et une fois le train passé, les portes retombent par l'effet de contre-poids.

Enfin, on a même utilisé le mouvement de la poulie sur laquelle passe le câble sans fin qui détermine le mouvement des trains.

La poulie placée au fond de la vallée, ainsi qu'il est indiqué **Planche XL**, *figure* 5, transmet le mouvement à une pompe d'épuisement à double effet, qui aspire l'eau dans le puisard et la refoule par une colonne ascendante suivant la pente du plan incliné.

CHAPITRE II.

APPAREILS D'EXTRACTION

L'emploi des cages guidées se répand à tel point dans les houillères, que les extractions par bennes peuvent être considérées aujourd'hui comme uniquement réservées aux exploitations faibles et de peu d'importance.

La construction des cages ne comporte pas de variations notables ; toutes celles que l'on établit, diffèrent peu des types que nous avons décrits précédemment et qui sont représentés dans le premier atlas.

Quant aux parachutes, on doit considérer désormais le parachute à excentriques comme présentant les mêmes garanties que les parachutes à griffes, grâce aux dispositions adoptées à Blanzy, dispositions qui sont représentées **Planche IV.**

Le parachute à excentriques est plus logique dans son action que le parachute à griffes. Le bois des guides, saisi et comprimé par les roues dentées, ne risque pas d'être brisé par le choc, et, par conséquent, les guides n'ont pas besoin d'être aussi forts, ni d'avoir des appuis aussi rapprochés.

Un seul obstacle s'opposait à la généralisation de ce parachute, c'est que la construction et les dispositions des ressorts employés jusqu'ici, ne donnaient pas à l'action des excentriques l'instantanéité et la sûreté qui sont indispensables pour un appareil de ce genre.

Cet obstacle disparait devant les expériences nombreuses qui ont été faites par M. Audemar, ingénieur du matériel à Blanzy, et devant le système de construction qu'il a adopté à la suite de ces expériences.

Les ressorts formés de lames d'acier superposées, simples ou doubles, ne paraissent pas avoir assez d'amplitude pour obtenir une action sûre; cette condition a été remplie par deux ressorts à boudins, et le parachute, représenté **Planche IV**, ne laisse plus rien à désirer.

Les ressorts sont en fils d'acier de $0^m,01$ de diamètre. Détendus, leur longueur est de $0^m,39$, et ils peuvent fournir une course de $0^m,14$.

Le parachute est réglé de telle sorte qu'il ne comprime que de 0,09 à 0,11, de manière à conserver l'élasticité des ressorts.

La course de 0,09 suffit pour faire tourner les excentriques et faire pénétrer leurs pointes dans le bois, l'effort de compression étant alors d'environ 180 kilogrammes pour chaque ressort. Le poids de la cage fait le reste.

Il est à remarquer, en effet, que le succès du parachute Fontaine résulte en grande partie de l'énergie de ses ressorts. Malgré la distance de 0,02 ou 0,03 qui sépare les griffes des faces des guides, ils conservent une force de pénétration d'environ 150 kilogrammes; il en est de même de tous les parachutes, qui ont réussi.

Le parachute de Blanzy a déjà, comme le parachute Fontaine, une certaine liste de services rendus. Plusieurs fois les câbles se sont rompus ; le plus souvent pendant l'ascension, quelquefois pendant la descente des cages à grande vitesse, et dans les deux cas, les cages ont été arrêtées.

Les guides saisis par les excentriques ont présenté des déchirures sur quelques décimètres de longueur, mais ils n'ont point été brisés.

Dans un grand nombre de mémoires, nous avons vu déprécier l'usage des parachutes et nier leurs garanties. Sans doute ces garanties ne sont pas absolues, mais toutes les fois que les ressorts sont bien entretenus et qu'on vérifie leur action au moins chaque semaine, on évite les principales chances d'accident.

La construction des clichages est pour beaucoup dans les chances d'accident et l'on écarte aujourd'hui les verroux pour adopter les systèmes qui laissent passer librement les cages ascendantes. Le système représenté **Planche V** est imité de celui qui domine en Angleterre ; il se recommande surtout par sa solidité.

CHEVALETS EN TÔLE ET FER

Planche VI

La construction des chevalets présente quelquefois des difficultés par suite de la rareté des bois d'échantillon suffisamment longs, gros et réguliers ; de là, l'idée d'employer le fer.

Un chevalet en tôle et fer a été établi au puits Jabin, près Saint-Étienne ; il est représenté **Planche VI**.

L'épaisseur des tôles est de 7 millimètres.

Ce mode de construction dégage, il est vrai, de toutes les difficultés qui peuvent résulter de la rareté des bois d'un échantillon suffisant, mais il est évidemment beaucoup plus coûteux. Un chevalet ainsi construit pèse (non compris les molettes et leurs supports) environ 17,000 kilogrammes, qui ont coûté 58 francs les 100 kilogrammes. C'est une dépense de 10,000 francs.

Sans doute, la durée peut compenser l'excédant du prix; mais les établissements de puits d'extraction ne sont pas de ceux pour lesquels on doit sacrifier à la durée, car ils sont subordonnés au régime inconnu des couches, aux allures de leur stratification, à tous les accidents de terrains qui peuvent amoindrir un siége d'exploitation ou obliger de le transporter ailleurs.

Le bois a d'ailleurs un avantage spécial, c'est la facilité avec laquelle on le répare et on modifie ses dispositions. Pour toute la partie attenante au guidage, cet avantage est essentiel, car, sous ce rapport, on a souvent des modifications à faire.

Des accidents assez nombreux ont eu lieu depuis quelques années par l'envoi des cages aux molettes. Ils résultent, en général, de ce que l'on a négligé les crochets à échappements dits *évite-molettes*, et surtout de ce que dans l'établissement des pièces supérieures du guidage on n'a pas établi un système préventif essentiel. Ce système consiste à serrer les pièces du guidage de telle sorte que dans le cas où l'une des cages monte près des molettes, elle se trouve serrée et prisonnière, sans pouvoir s'élever assez haut pour qu'il y ait choc. Sans doute, si l'impulsion est très-forte, cet obstacle peut être brisé et franchi ; mais il suffit dans la plupart des cas, pour que la cage n'arrive pas jusqu'aux molettes.

La hauteur des chevalets est-elle suffisante, et n'y aurait-il pas avantage à l'augmenter? Cette hauteur varie de 12 à 16 mètres au-dessus du clichage supérieur ; si on l'augmentait, il y aurait encore plus de difficulté à trouver des bois d'échantillon, et la construction des chevalets en fer deviendrait peut-être préférable.

Mais, dans ce cas, on peut encore composer les montants et les poussards de deux ou même de quatre pièces juxtaposées et boulonnées, ainsi qu'on le fait pour les maîtresses-tiges des grands appareils d'épuisement. On peut surtout substituer au système des chevalets celui des tours en maçonnerie, adopté d'une manière générale en Allemagne.

Lorsque l'administration des mines prussiennes s'occupait de tous les détails de l'exploitation et de la construction du matériel, elle avait adopté des règles telles, que l'emploi des tambours et bobines à grand enroulement devenait impossible, sans que les molettes fussent placées à 20 ou 25 mètres de hauteur au-dessus du clichage.

Par suite de ces exigences, on fut conduit à construire sur les puits d'extraction des tours carrées, destinées à porter à la hauteur prescrite les sommiers des molettes.

Ce système est sans doute coûteux, beaucoup plus que celui des chevalets en bois ou même en fer, mais il sert en même temps à couvrir le puits et fournit des étages utilisés comme magasins. Nous reviendrons sur ce sujet en décrivant quelques exemples des installations prussiennes.

CABLES.

La question des câbles d'extraction est toujours une des plus importantes, et l'on continue à discuter les avantages ou les inconvénients des câbles en chanvre, en aloès et des câbles en fil de fer, sans arriver à des conclusions absolues.

Quelques ruptures de câbles en fil de fer, suivies d'accidents graves, semblent leur avoir fait perdre du terrain. Cependant il reste établi qu'en donnant à ces câbles des poids peu différents de ceux des câbles en chanvre, on peut obtenir la même sécurité.

Nous citerons, au sujet de la fabrication des câbles ronds en fil de fer, une lettre intéressante de M. Imbert, ingénieur-directeur des houillères de Rive-de-Gier, publiée le 10 janvier 1862, dans laquelle il indique les précautions à prendre dans le câblage des fils, afin d'obtenir toutes les garanties désirables.

C'est depuis quinze années environ qu'on emploie dans les mines de Rive-de-Gier les câbles ronds en fils de fer. Ces câbles, relativement moins lourds et moins chers que les câbles ronds en chanvre, ont rendu, on doit l'avouer, d'assez grands services à l'exploitation des mines; cependant, les exploitants sont restés dans une certaine réserve à leur égard. Si l'on a été parfois jusqu'à les repousser, même presque totalement, c'est que certains fournisseurs procédaient avec de mauvais fils qui n'avaient qu'une durée trop restreinte, et puis, c'est que tous ou presque tous les câbles éprouvaient alternativement dans le service une *détorsion* et une *retorsion* qui imprimaient un mouvement de rotation aux bennes, les portant à s'entrecroiser presque à tous les voyages. On comprend que, dans cet état, les deux câbles s'entourant l'un l'autre par plusieurs tours en spirale, outre le temps perdu pour les désenchevêtrer, lorsque les tonnes arrivaient à l'orifice des puits, se faisaient éprouver une usure très-rapide.

Le moyen de faire cesser ces causes de désordre, que les deux câbles se faisaient éprouver l'un à l'autre, nous croyons l'avoir découvert.

Les câbles ronds de fer ou de chanvre sont formés habituellement de six faisceaux distincts composés d'un certain nombre de fils. Jusqu'à présent, ces six faisceaux étaient tordus tous dans le même sens, et en même temps on les réunissait en un seul faisceau formant le câble, et cela par un grand effort mécanique.

Tant que les câbles demeurent à l'état de repos, ils ne produisent aucun effort apparent pour se détordre; mais lorsqu'ils sont en service, attachés par un bout au tambour des machines d'extraction, et portent les tonnes par le bout abandonné à lui-même, dans les colonnes de puits, ils sont sollicités par les charges auxquelles ils sont soumis; alors il y a alternativement d'abord détorsion dans une certaine limite, dans un sens, et retorsion ensuite dans l'autre sens. C'est ce qui détermine l'enroulement des câbles qui fonctionnent simultanément dans le même puits et leur rapide dépérissement.

Le défaut est donc, pour la fabrication des câbles ronds, dans la torsion des torons dans un seul et même sens. Pour la faire disparaître, nous avons cru qu'il importait de produire la torsion de trois des torons, dont se compose le câble, dans un sens, et des trois autres torons dans l'autre sens. Ces trois faisceaux ou torons présentent des efforts égaux et contraires à la détorsion, il y aurait équilibre et ainsi immobilité complète des câbles dans le sens rotatif dans le service de l'extraction des minerais. Cette idée expliquée à deux de nos fournisseurs, a été déjà réalisée avec beaucoup de succès par l'un d'eux. Le premier câble fait sur ces données fonctionne avec une entière satisfaction.

Il y a trois ans, on s'est beaucoup occupé des *câbles en fil d'acier*, à tel point qu'on a pu croire que désormais il ne serait plus fait usage de fil de fer. Les fils d'acier avaient une résistance double de celle des fils de fer; on pouvait donc réduire le poids des câbles. Il y avait à la fois économie dans le prix d'achat et simplification du problème de l'effort régulier des machines, par l'emploi de câbles très-légers.

Ces espérances n'ont pas été réalisées dans la pratique. Les câbles en fil d'acier se sont altérés très-rapidement. Au bout de cinq ou six mois de service, les fils étaient devenus cassants et les câbles ne présentaient plus aucune sécurité. On a donc fini par renoncer à leur emploi pour revenir aux câbles en fil de fer.

En résumé, si l'on se reporte à quelques années en arrière, à l'époque où les câbles en fil de fer étaient l'objet d'une sorte d'engouement, on trouvera qu'aujourd'hui, il existe plutôt un retour de préférence pour les câbles en chanvre ou en aloès.

Nous avions posé la question du travail moyen d'un câble en chanvre on en aloès, de dimensions déterminées, à l'un de nos fabricants les plus habiles, M. De Mot. Voici sa réponse :

« Il n'est pas possible de déterminer d'une manière exacte le travail qu'accomplira un câble. L'installation des machines, la température du puits, la nature des eaux, le guidonnage plus ou moins parfait et, pour une plus forte part, le plus ou moins de soins et d'aptitude du machiniste, sont pour beaucoup dans la durée. En effet, si le machiniste enlève la cage avec secousse, sans bien tendre sa corde auparavant, la partie de l'enlevage se détériorera rapidement. Si les molettes ne sont pas très-bien montées et maintenues en bon état de marche, chacune dans le plan de la bobine correspondante, il se produira des frottements destructeurs.

« En admettant de bonnes conditions, un câble en aloès, enlevant une charge de 3,200 à 3,400 kilog. d'une profondeur de 4 à 500 mètres, et dont le poids moyen sera de $7\frac{3}{4}$ kilogrammes au mètre courant, peut extraire 130 à 140,000 tonnes. »

MACHINES D'EXTRACTION.

Planches VII, VIII, IX.

Les extractions forcées nous sont imposées par la concurrence, et notamment par celle de l'Angleterre, où les houillères sont plus aptes que partout ailleurs à les alimenter. La puissance et la régularité des couches, la nature favorable des toits, la solidité des galeries et la facilité des roulages, sont en effet les conditions les plus favorables pour alimenter un accrochage, et soutenir longtemps une extraction très-active.

On a souvent cité les extractions de certains puits anglais, notamment celles du puits de Ryhope, près Sunderland, qui fournissait par poste de douze heures une production de plus de 1,000 tonnes.

Nous pourrions citer parmi nos installations de France

et de Belgique plusieurs exemples de puits, dont le matériel est capable de pareilles extractions, mais pas un seul qui puisse les soutenir pendant une année.

Dans beaucoup de cas, ces extractions sont même réalisées par les machines, mais c'est à la condition d'y comprendre au moins moitié en extraction de roches et déblais, soit en épuisement par les caisses à eau.

Il est essentiel de proportionner tous les appareils d'extraction au service qu'ils doivent faire, car les grandes charges enlevées et les grandes vitesses coûtent fort cher de premier établissement et d'entretien. Si donc les frais ne peuvent être répartis sur une extraction considérable, le prix de revient est d'autant plus élevé.

Malheureusement nos terrains houillers sont en général si peu réguliers, que lorsqu'on fonce un puits dans un terrain qui n'est pas très-bien connu, on ne peut compter d'une manière certaine sur une extraction déterminée. Le plus souvent, on s'organise pour un maximum qui ne peut pas être atteint.

M. Callon, ingénieur en chef au corps impérial des mines, dans un résumé des plus intéressants sur les progrès récents des mines, s'exprime ainsi sur les divers systèmes d'extraction.

« On peut se demander si la simplification qu'on a re
« cherchée en supprimant l'engrenage entre l'arbre du
« volant et celui des bobines, n'est pas *achetée trop cher*.
« Il est certain, en effet, qu'en faisant attaquer directement
« l'arbre des bobines par les bielles motrices, on est obligé
« de diminuer le nombre des coups de piston par minute;

« ce qui, pour une force donnée à développer, conduit à
« augmenter les dimensions du cylindre. On a ainsi des
« machines plus volumineuses, plus chères, et aussi dans
« lesquelles, par suite des grandes dimensions des tiroirs,
« les manœuvres à la main se font avec plus de fatigue
« pour le mécanicien. On est donc entré, avec le type des
« machines directes, dans une voie précisément inverse
« de celle que beaucoup de personnes suivent aujourd'hui
« dans les autres applications des machines à vapeur, pour
« lesquelles prévaut de plus en plus le système des ma-
« chines légères et rapides. Il n'est donc nullement certain
« qu'on ne revienne pas un jour à l'emploi des engrenages,
« qui ne présenteront d'ailleurs aucune cause spéciale de
« danger, si l'on prend la précaution de placer un frein de
« réserve sur l'arbre des bobines, indépendamment de
« celui qui fonctionnera habituellement sur le volant de
« l'arbre à manivelle. »

Ce retour vers l'engrenage doit surtout être recommandé toutes les fois que les conditions de l'extraction n'exigent pas une force supérieure à 80 chevaux ; une machine directe à cylindres conjugués doit être de la force de 100 chevaux au moins, et doit employer cette force. Si les cages ne marchent pas à une vitesse moyenne d'au moins 4 à 5 mètres par seconde, le système à engrenage devient évidemment préférable.

Cette opinion se trouve confirmée par les comparaisons que nous avons été à même de faire des consommations de charbon pour les deux systèmes de machines.

Les consommations des machines d'extraction sont difficiles à évaluer, parce qu'on y brûle de la *chauffe*, c'est-à-dire des charbons de qualité inférieure ; elles sont difficiles à comparer, parce que l'extraction se fait presque partout dans des conditions différentes.

Cependant, en comparant les puits d'un même groupe de fosses et ramenant les consommations à celle qui a lieu pour 100 kilogrammes de poids utile remonté de 100 mètres, M. Jouniaux est arrivé aux chiffres suivants pour les quatre puits de charbonnage du Nord de Charleroi.

FOSSES.	Consommation de charbon pour 100 kil. de poids utile monté à 100 m.	OBSERVATIONS.
N° 2.	5 kil. 28	Machine de 30 chevaux, 1 cylindre. Engrenage.
3.	5 kil. 42	Machine de 60 chevaux, 1 cylindre. Engrenage.
4.	7 kil. 12	Machine de 150 chevaux, 2 cylindres conjugués, directs.
5.	3 kil. 67	Machine de 45 chevaux, 1 cylindre. Engrenage.

Ces consommations sont en charbons *chauffeurs* et souvent en menus dont l'effet utile est évalué à moitié de celui d'un charbon tout venant de bonne qualité. Le n° 5 seul consomme environ moitié chauffeur et moitié tout venant.

Sans qu'on puisse déduire de ce tableau les consommations normales des machines d'extraction, on peut cependant les comparer entre elles et conclure que la machine n° 4, qui est directe, à deux cylindres conjugués, et qui ne marche pas à toute sa force, fonctionne dans des conditions plus coûteuses que les trois machines à engrenage. La consommation de la machine n° 4, lorsque l'activité de l'extraction permet d'en tirer toute sa force, se rapproche de celle des machines à engrenage des fosses 2 et 3.

Cette comparaison vient à l'appui des observations précitées de M. Callon; il est essentiel de ne pas exagérer la force des machines, et lorsqu'on n'a pas besoin d'une très-grande vitesse d'extraction, la machine à engrenage est préférable à une machine directe.

Les machines directes qui paraissent devoir se substituer aux machines à engrenages pour tous les puits guidés où l'on extrait à grande vitesse, sont elles-mêmes susceptibles de dispositions très-diverses.

Celle qui est la plus généralement adoptée, aujourd'hui, comprend deux cylindres à vapeur verticaux donnant le mouvement à l'arbre des bobines posé sur un entablement supérieur. Les colonnes qui supportent cet entablement servent de point d'appui pour les guides des tringles de piston.

Plusieurs ateliers, et notamment ceux de Haine-Saint-Pierre, de Couillet et de Seraing en Belgique, de Quillacq à Anzin, ont établi des modèles qui ne laissent rien à désirer, et qui, d'ailleurs, se ressemblent beaucoup. Les **Planches VII** et **VIII** représentent les coupes et élévations de la machine de Quillacq, récemment établie au puits n° 3 du charbonnage de Nœux, dans le Pas-de-Calais.

Ces deux planches mettent d'abord en évidence l'avantage principal du système qui est d'exhausser l'arbre des bobines et par conséquent de diminuer l'inclinaison des câbles.

Un autre avantage résulte de ce que le mécanicien se trouve notablement rapproché du puits d'extraction et, par suite, mieux placé pour en suivre toutes les manœuvres.

Ces machines, sauf la position des cylindres et de l'arbre des bobines, sauf l'entablement qui en est la conséquence, sont identiques aux machines horizontales : même distribution au moyen de la coulisse de Stephenson, même système de leviers pour gouverner à la fois cette distribution et le régulateur de vapeur.

Le frein à vapeur mérite une mention spéciale; il est solide et facile à gouverner. Le mécanicien peut s'en servir pour les manœuvres usuelles, de sorte qu'il est sûr de son action dans un cas d'accident.

Le diamètre des cylindres à vapeur de $0^m,60$ avec course de $1^m,80$ suffit pour la plupart des cas. Ce diamètre a été porté à $0^m,70$ dans plusieurs installations. Enfin beaucoup d'ingénieurs préfèrent $0^m,80$ de diamètre et 2 mètres de course, sans se préoccuper des consommations de vapeur qui résultent de ces dimensions excessives.

L'installation des machines verticales ne change pas sensiblement les conditions de construction des bâtiments. On peut en juger par la **Planche XI** qui représente les bâtiments du puits n° 6 de Courcelles-Nord (Charleroi), construits pour une machine à deux cylindres conjugués verticaux, de $0^m,80$ de diamètre et 2 mètres de course.

Cette fosse de Courcelles-Nord est un des bons exemples à ajouter à ceux que nous avons déjà choisis parmi les installations de la Belgique. On y a pourvu à tous les services, ainsi qu'il est indiqué par la légende, et le bâtiment, construit dans de larges proportions, sans que rien soit sacrifié au luxe ou à la symétrie, satisfait à toutes les conditions que l'on recherche dans l'installation des fosses.

La distribution présente toujours de notables difficultés pour les gros cylindres à vapeur. Les tiroirs doivent en effet être très-larges, de manière à ouvrir, dès le commencement de la course, de grands orifices à la vapeur, et malgré les précautions prises pour faciliter la manœuvre de ces tiroirs, il faut pour cette manœuvre des mécaniciens qui soient à la fois habiles et vigoureux.

Les distributions par soupapes ont l'avantage d'être beaucoup plus faciles à gouverner et de n'exiger aucun déploiement de force.

Une distribution par soupapes, représentée par la **Planche IX,** a été appliquée récemment par le Creusot à la machine du puits *Cinq-Sous,* n° 2, de la Compagnie de Blanzy. Cette machine est à deux cylindres horizontaux de $0^m,80$ de diamètre et 2 mètres de course, conjugués directement sur l'arbre des bobines.

Cette distribution par soupapes diffère, sous beaucoup de rapports, de celle des ateliers Revollier, qui est indiquée dans le premier atlas.

Les soupapes de $0^m,16$ de diamètre pour l'admission et $0^m,22$ pour l'émission, sont à double recouvrement et du système Hornblower ; leur levée est déterminée par le contact de deux leviers, ce qui permet d'obtenir à volonté, par les variations de la coulisse, les levées les plus minimes ou les plus amples. Leur manœuvre est tellement facile qu'elle pourrait être faite par un enfant, et pourtant elle satisfait à toutes les conditions exigées d'une machine d'extraction, enlèvement rapide de la charge, arrêt aussi prompt que possible.

Cette distribution serait parfaite si l'on y avait ajouté un moyen de rendre l'admission de vapeur indépendante de l'émission, de manière à obtenir la détente à volonté, c'est-à-dire avec la faculté de la supprimer au moment de toutes les remises en marche.

INSTALLATION DE LA FOSSE CASIMIR PERIER.

Planche XII.

Nous avons indiqué dans la première partie de ce travail les avantages qui peuvent être obtenus par l'enroulement des câbles sur de grands diamètres, ainsi qu'on le fait en Angleterre. Ces enroulements, sur bobines de 6 à 7 mètres de diamètre, entraînent la nécessité de contrepoids pour équilibrer les câbles, et, jusqu'ici, les houillères du continent ont reculé devant cette complication nouvelle du matériel d'extraction.

Le grand diamètre des bobines est-il si avantageux, lorsqu'on fait ensuite passer les câbles sur des molettes, surtout pour le câble enroulé en-dessous qui se trouve ployé sur sa molette en sens contraire du ploiement sur la bobine? Cela est considéré comme douteux par le plus grand nombre de nos ingénieurs, et c'est pour ce motif que les installations anglaises ont trouvé si peu d'imitateurs dans les bassins houillers du continent.

Les ingénieurs d'Anzin ont pensé qu'il fallait attaquer le problème d'une manière plus radicale, et placer les grandes bobines immédiatement au-dessus du puits, de manière à supprimer les molettes.

L'appareil ainsi conçu a été monté à Somain, sur la fosse *Casimir Perier* ; il est représenté **Planche XII**.

Les bobines de 7 mètres de diamètre sont montées chacune sur un arbre indépendant avec manivelles perpendiculaires.

Chaque arbre de bobine porte sa manivelle motrice, et du côté opposé, une poulie de contre-poids avec bouton de manivelle. Ces deux boutons de manivelle reçoivent deux bielles directrices, dont les autres extrémités sont attachées à un même axe-coulisseau se mouvant dans un guide. Les deux bielles directrices, attachées l'une à droite, l'autre à gauche, établissent ainsi la solidarité des deux arbres tout en les obligeant à tourner en sens contraire.

Cette disposition, qui permet aux deux bobines de tourner en sens inverse, est due à **M. Déprez**, ingénieur à Anzin.

Les bobines sont composées de grands volants en fonte, à huit bras, avec jantes à nervures, dessinées de manière à recevoir la garniture et les bras en bois, et, de plus, des jantes latérales servant de frein. Chaque bobine porte ainsi son frein, et chacune porte, fixée près d'elle, la poulie sur laquelle s'enroule et se déroule le contre-poids qui maintient l'équilibre des câbles.

Les bobines sont supportées, à 10 mètres au-dessus du sol, par quatre bâtis ou arcs en fonte, dont la **Planche XII** donne le dessin. De chaque côté des bâtis extrêmes, sont placés les deux cylindres moteurs de $0^m,70$ de diamètre et de 2 mètres de course.

D'après ces données, on voit que l'enroulement des câbles sur les bobines ne peut déterminer qu'une très-faible déviation des axes. Les câbles sont en fil de fer; leur enroulement central se fait sur un diamètre de $7^m,14$, et 25 tours correspondent à un développement de 600 mètres. L'obliquité de l'effort au moment de l'enlevage n'est que de 0,0018 par mètre, et le câble est vertical lorsque la cage arrive au jour.

Le poids des câbles est de 4 kilogrammes par mètre courant.

Le poids mort enlevé, composé d'une cage et de deux berlines en tôle, est de 1,400 kilogrammes. Le poids utile est de 1,000 kilogrammes.

Chaque contre-poids est de 3,000 kilogrammes, manœuvré par un câble pesant 3 kilogrammes le mètre courant. Ces contre-poids ont pour effet de régulariser le mouvement, le moment moyen de la résistance étant de 3,885 kilogrammes.

L'établissement complet comprend, outre les appareils d'extraction, trois chaudières avec tubes bouilleurs extérieurs, des bureaux, des magasins, une salle pour les ouvriers, une forge, une lampisterie, etc., ainsi qu'il est indiqué par la **Planche XII**.

La vente au détail, par voitures, est desservie par une estacade qui correspond à une recette placée à 3 mètres au-dessus du carreau de la fosse.

Le chargement en wagons, après criblage préalable, s'opère dans un bâtiment séparé ; le chemin de fer passant à 8 mètres en contre-bas de la recette supérieure, et à 5 mètres en contre-bas de la recette qui correspond au criblage.

Les avantages qui résultent de l'ensemble de cette installation ont été résumés dans les termes suivants :

1° Il y a une économie notable sur la dépense, comparativement à l'installation ordinaire qui exige plus de surfaces couvertes, un chevalet et des molettes ;

2° La faible charge extraite avec une grande vitesse (2 berlines au lieu de 4), permet une extraction aussi considérable qu'avec l'installation ordinaire ; l'économie des câbles peut être évalué à 50 pour cent, la charge étant deux fois moindre, et le poids du câble à élever étant aussi réduit de moitié.

Cette grande expérience n'a pas eu le succès désiré. Les bielles directrices mal guidées par le coulisseau central, n'ont pu maintenir le mouvement solidaire des deux arbres marchant en sens inverse ; il a fallu les remplacer par un pignon et deux roues d'angle. L'appareil marche donc dans des conditions anormales, parce qu'elles n'avaient pas été prévues dans la construction première, de telle sorte que l'expérience principale, la *suppression des molettes*, se trouve compromise par les conditions défavorables du moteur.

L'essai est donc à recommencer, et cela en vaut la peine, car l'installation de la fosse Casimir Perier, abstraction faite des moyens employés pour l'accouplement des deux arbres, a démontré qu'il pouvait résulter des avantages sérieux de la suppression des molettes et des grands diamètres des bobines.

FAHRKUNST.

MM. Hanrez et Colson, ingénieurs constructeurs bien connus par leurs travaux pour le matériel des houillères, se sont appliqués à perfectionner les Fahrkunst.

M. Hanrez a proposé de suspendre les tiges oscillantes à l'extrémité des deux balanciers, dont les autres extrémités sont fixées sur des axes oscillants, et dont les axes sont portés par les extrémités d'un troisième balancier central.

Ce système ingénieux remplacerait les crémaillères et le pignon en acier fondu qui, dans l'appareil ordinaire précédemment décrit, rendent les deux tiges solidaires, et paraissent s'user assez rapidement.

M. Colson s'est attaché à un autre ordre d'idées. Rendre l'équilibre des tiges oscillantes plus assuré et augmenter l'amplitude des oscillations dans une grande proportion, de manière à réduire le nombre des changements de paliers, ce qui diminue à la fois la fatigue des ouvriers et surtout les chances d'accidents. En effet, les accidents se produisent toujours au moment du passage d'un palier sur l'autre.

Le mouvement oscillatoire, avec course de 10 et 15 mètres, peut être obtenu par l'enroulement et le déroulement alternatif de deux câbles.

On a signalé, comme avantages spéciaux de cette disposition, la facilité qu'elle doit procurer pour exercer une surveillance plus active sur tout le personnel du fond ; la pos-
sibilité d'une fréquentation des travaux souterrains par une
plus grande masse de population, en permettant à diverses
séries d'ouvriers de remonter, après quatre heures de travail, pour venir se restaurer au jour, et de redescendre ensuite quatre heures après pour achever leur tâche ; c'est de
cette manière qu'on obtient, dit-on, le plus grand effet
l'ouvrier en fonçages, bouveaux et travaux préparatoires.

M. Colson, dans une des réunions des ingénieurs du
Hainaut, à Mons, a décrit les nouvelles dispositions qu'il
propose dans les termes suivants :

Jusqu'à présent on devait construire les tiges avec une force telle,
qu'elles pussent se supporter sur toute leur hauteur ; les poulies
d'équilibre ne devaient servir qu'en cas de rupture, et ce moyen
laissait à désirer, parce que le tassement irrégulier des roches pouvait avoir pour conséquence de mettre sur une poulie, ou sur un
petit nombre de poulies, toute la charge qui aurait dû être répartie
sur tous les appareils d'équilibre ; c'est ce qui a porté des constructeurs à faire usage de compensateurs à ressorts. Cette complication laisse des doutes sur l'efficacité indéfinie d'organes qui se dé-
tériorent ; c'est pourquoi j'ai imaginé un moyen qui simplifie et
présente une sécurité parfaite.

Une maîtresse tige reçoit le mouvement et le transmet à une série
de tiges partielles, indépendantes les unes des autres. Toutes les tiges
sont parfaitement guidées ; leurs poids sont calculés de telle sorte
que la tige motrice, même lorsqu'elle n'est pas chargée, agit par
traction sur les tiges isolées chargées. Ces tiges isolées n'ayant à
supporter que leur charge, sont aussi légères que possible : il en

résulte une économie première, qui réagit sur le prix du moteur lui-même.

Si un tassement ayant lieu dans les terrains, fait descendre l'un des paliers des poulies d'équilibre, l'équilibre existe toujours, et la tension des chaînes ne varie pas ; les paliers signalent de suite le tassement à l'endroit où il s'est produit, par une différence du niveau des paliers, à leur point de rencontre, différence double de la hauteur du tassement.

Il est aisé alors, de remédier au tassement en relevant les paliers qui l'ont éprouvé.

Beaucoup de personnes auxquelles j'ai soumis ces dispositions approuvent le fractionnement des tiges, parce qu'avec ce moyen, on peut employer les chaînes comme moyen d'équilibre et de sûreté.

Si dans les machines ordinaires un tassement de terrain a lieu, les chaînes sont tendues inégalement, et si la rupture d'une tige leur fait supporter la charge, le fardeau peut être inégalement réparti, et des bris dangereux peuvent en être la conséquence. Les compensateurs ne sont pas des moyens préventifs certains; on doit donc donner aux tiges la force nécessaire pour qu'elles se supportent sur toute leur hauteur, ce qui les rend très-pesantes. Dans le nouveau système les tiges fractionnées ne doivent avoir que la force nécessaire pour les charges ; les chaînes sont soumises constamment à la même tension ; cette tension ne peut s'accroître ; elles présentent donc toute sécurité.

La maîtresse tige étant d'ailleurs en partie équilibrée, d'une manière certaine et invariable dans les limites assignées par le travail, ne doit pas pouvoir se supporter entièrement elle-même.

Le premier appareil que j'ai construit de ce genre est en montage actuellement aux charbonnages de Monceau-sur-Sambre (Bayemont) et n'aura que 4 mètres de course. Le second pour le charbonnage de Masse-Saint-François à Farciennes, est en construction très-avancée, mais il aura 10 mètres de course, ce qui aura pour conséquence immédiate de diminuer les temps d'arrêt dans la proportion de 2 1,2 à 1 tout en permettant une vitesse de translation double de celle obtenue avec les appareils de **3** à **4** mètres de course. Le prix de l'appareil complet (fosse et machine), rendu et monté sur place, sera de fr. **35,500**; cet appareil pouvant descendre ou remonter **1,000** ouvriers en trois heures de travail de la profondeur de **500** mètres.

Il est à remarquer que l'introduction et la sortie des ouvriers aura lieu au niveau du plancher de réception, sous les yeux du machiniste; que cette machine à vapeur ne comporte aucune grande pièce mécanique et que son installation ne nécessitera qu'environ **50 à 60** mètres cubes de maçonnerie ordinaire et **12** mètres cubes de pierre de taille; qu'enfin il y a tout lieu de croire qu'il y aura économie de vapeur, et que son entretien sera plus économique que celui de beaucoup d'appareils existants.

INSTALLATION DES PUITS D'EXTRACTION EN PRUSSE.

Planches XIII, XIV et XV.

Les houillères prussiennes prennent une importance rapidement croissante dans les bassins de la Ruhr et de Sarrebruck, et il est intéressant de suivre dans ces contrées si rapprochées de nous, le mouvement des idées sur le matériel et les installations des puits.

On reconnait que l'on a passé dans ces bassins houillers, comme dans les nôtres, par les mêmes conditions successives et que l'on est arrivé aux mêmes conclusions.

Les premières installations du bassin de la Ruhr, établies sur les affleurements du bassin houiller, dans des conditions d'exploitation très-faciles, ressemblaient beaucoup aux premières installations de nos bassins du centre. Mais lorsqu'on a poursuivi les terrains houillers sous les terrains crétacés, en établissant des puits cuvelés dont quelques-uns ont coûté 2 millions, on a cherché à réduire le nombre de ces puits en leur faisant rendre le maximum des extractions possibles.

On a donc employé les cages guidées, et les grandes vitesses ; progressivement, les installations deviennent de plus en plus identiques aux nôtres.

Prenons un exemple :

Un de ces puits, dit de Rhein-Elbe, près Gelsenkirche, extrait de 175 mètres de profondeur, des cages portant deux chariots contenant chacun 408 kilogrammes. On y fait cinquante manœuvres à l'heure, de manière à extraire cent chariots. On y emploie des bobines avec câbles plats en aloès pesant 5 kilogrammes et demi le mètre courant.

Ce même puits devant augmenter sa production, on y prépare des cages à quatre chariots, et la machine actuelle, de 130 chevaux, sera remplacée par une machine de 200 chevaux, à deux cylindres conjugués verticaux.

Cet exemple récent démontre la parité des vues auxquelles on est arrivé pour l'organisation des puits d'extraction, mais les détails des constructions présentent en général des différences qui résultent à la fois de coutumes anciennes et de quelques principes divergents.

Les nouveaux établissements houillers de la Ruhr ont un caractère de grandeur et de stabilité qui prouve à la fois l'importance du gîte houiller et la nécessité de concentrer sur un même point tous les services extérieurs.

Les puits doivent en effet y traverser de 80 à 140 mètres de terrains à niveau, avant de pénétrer dans le terrain houiller ; leur cuvelage une fois établi, il y a donc un grand intérêt à les maintenir le plus longtemps possible. Ce maintien est d'autant plus facile que le terrain houiller de la Ruhr renferme environ soixante couches d'une puissance de 0,60 à $1^m,50$, dont la régularité est comparable à celle des bassins de l'Angleterre. Un puits ou centre d'extraction exige souvent, une mise de fonds de 2 à 3 millions, et malgré ce capital élevé, on y exploite la houille au prix moyen de revient, de 5 fr. à 5 fr. 50 par tonne, et on la vend 7 ou 8 francs.

Dans la Ruhr, comme dans la plupart de nos bassins houillers, il existe un type d'établissement qui se modifie un peu, suivant les circonstances locales, mais auquel tous les autres semblent se rattacher.

L'établissement d'Oberhausen peut être cité comme un des spécimens de ce type ; il est représenté, **Planches XIII** et **XIV**, d'après les dessins publiés à Berlin, dans le recueil de Schonfelder.

Ce qui frappe tout d'abord dans les installations prussiennes, c'est la disposition, au-dessus des puits, de hautes tours carrées qui supportent à leur partie supérieure, les sommiers des molettes, et remplacent, ainsi que nous l'avons dit précédemment, les chevalets d'extraction.

Ces tours remplacent en même temps, les divers systèmes de couverture des puits. La hauteur considérable qu'on leur donne nous paraît inutile au point de vue de la sécurité, et nuisible au point de vue des câbles que le ploiement sur les molettes altère sensiblement. Au point de vue de la dépense, ces grandes tours sont évidemment deux ou

trois fois plus coûteuses que nos types d'installation d'Anzin ou de Charleroi. Une seule considération pourrait
plaider en leur faveur, c'est que la suppression du chevalet
laisse les abords du puits libres de tous les côtés. Cependant, cette considération est aujourd'hui de très-peu d'importance, puisque les bois de guidage doivent nécessairement se prolonger au-dessus du puits et que ce guidage
oblige les manœuvres de wagons à suivre des lignes déterminées, pour lesquelles les piliers des chevalets ne peuvent
être un obstacle.

En résumé, tout en rendant hommage à l'élégante architecture de ces tours d'extraction que l'on voit sur les houillères des bassins de la Ruhr et de Sarrebruck, nous considé-
rons nos types d'installation comme plus simples et mieux
appropriés. D'ailleurs, ces tours ne furent pas précisément préférées par les exploitants, elles furent, ainsi que
nous l'avons dit, le résultat des exigences de l'administration des mines ; l'usage s'en perpétuera probablement par
habitude et esprit d'imitation.

Mais ce qui mérite une attention toute spéciale, c'est la
multiplicité des moyens mécaniques établis dès le principe,
en prévision de tous les besoins qui doivent se produire
dans un charbonnage étendu. Machines d'extraction ; machines d'épuisement ; farhkunst ; machines-engins pour le
maniement des pompes et de toutes les pièces des colonnes
d'épuisement ; treuils au-dessus de toutes les grosses machines pour l'entretien, la réparation et le changement des
pièces ; tout est prévu dès le principe, de telle sorte que
l'établissement, une fois construit et mis en marche, ré-

pond à toutes les exigences de la plus grande activité.

Ajoutons que les machines sont en général fortes, massives, et que leurs dimensions offrent toutes les garanties de marche sûre et sans chômage.

Les machines d'extraction d'Oberhausen sont à balancier, forme presqu'abandonnée en France et en Belgique, et qui s'est maintenue en Allemagne avec plus de persistance. Des établissements plus modernes que ceux d'Oberhausen ont adopté la machine horizontale, à un seul cylindre, avec distribution à soupapes.

L'emploi des câbles ronds en fil de fer est très répandu en Allemagne, où l'on préfère, en général, les petites charges menées à grande vitesse. Ces câbles sont accueillis tantôt sur des tambours coniques, comme à Oberhausen ; tantôt sur des poulies à gorge profonde, ces poulies étant quelquefois calées sur deux arbres distincts réunis par un engrenage, de telle sorte que les deux câbles s'enroulent en-dessus.

Ces dispositions ne semblent pas avoir donné toute satisfaction, car il y a une tendance notable à se conformer à celles qui sont préférées en France et en Belgique, c'est-à-dire à employer les câbles plats en chanvre, aloès ou fil de fer, enroulés sur des bobines, de manière à régulariser l'effort de la machine.

Le gouvernement prussien, qui prescrivait aux houillères de la Ruhr l'établissement des hautes tours d'extraction, ne pouvait manquer de les appliquer à ses propres exploitations. L'installation des puits de Duttweiler, dans le bassin de Sarrebruck, montre que l'administration des mines prussiennes s'est franchement exécutée, ainsi qu'on le verra **Planche XV.**

Cette installation présente le même caractère de prévisions complètes pour toutes les parties du service et la même largeur de proportions.

L'établissement comprend, en effet, deux grands puits jumeaux, à section rectangulaire. L'un est entièrement consacré au service d'extraction ; l'autre contient à la fois un appareil d'extraction et une machine d'épuisement à traction directe, dont le cylindre est figuré dans la coupe *figure* 3. L'extraction se fait par câbles ronds en fil de fer enroulés sur des tambours de 3ᵐ50 de diamètre, mis en mouvement par des machines à balancier. La *figure* 4 met en évidence l'inclinaison excessive des câbles, qui résulte de l'élévation exagérée des molettes.

Les dimensions et l'élévation d'un pareil bâtiment conduisent nécessairement à adopter une architecture de tour fortifiée ; on n'a qu'à y ajouter quelques créneaux, tourelles et meurtrières pour compléter la ressemblance.

La **Planche XV** annonce évidemment une grande exagération de constructions ; cette exagération ne se trouvant, en réalité, justifiée par aucune amélioration dans le service du puits, dans les manutentions et le chargement des charbons.

Nous avons cru cependant utile de mettre les bâtiments des fosses de Duttweiler en parallèle avec ceux des fosses de Belgique et de France, afin de démontrer qu'on peut arriver au même but avec des moyens plus simples et moins dispendieux.

INSTALLATION DES HOUILLÈRES EN ANGLETERRE.

Planche X.

Les houillères anglaises nous présentent des types d'installation plus variés et parmi lesquels on peut puiser plus de documents utiles. Aux rapports déjà cités de plusieurs ingénieurs qui ont étudié les installations anglaises, nous pouvons en ajouter trois nouveaux : celui de M. Luyton, ingénieur à Firminy, celui de MM. Warocqué et Briart, de Mariemont ; et celui de MM. L. Chagot et Audemar, ingénieurs à Blanzy. Nous ferons surtout usage des documents et croquis de ce dernier rapport, qui n'a pas été publié.

Les bassins houillers de l'Angleterre présentent des exemples des installations les plus modestes et les plus négligées, et de celles qui sont, au contraire, les plus puissantes de toutes. Il y existe des puits de peu de profondeur exploités d'une manière primitive par des paysans, tandis que d'autres sont armés du matériel le plus perfectionné et le plus énergique.

Aussi les moyennes d'extraction par puits, moyennes souvent citées, de 53,000 tonnes dans le bassin de Newcastle, et de 20,000 tonnes dans le pays de Galles, n'ont-elles que peu de signification, puisque dans ces deux bassins on trouve des exemples des deux extrêmes.

En Angleterre, comme sur le continent, la proportion des petites exploitations est d'autant plus grande que les conditions sont plus faciles. C'est à cause de ces grandes facilités que la moyenne de l'extraction par puits est beaucoup plus faible dans le bassin du pays de Galles que dans celui de Newcastle.

Beaucoup de moyens ont été essayés en Angleterre pour simplifier l'extraction. Nous citerons notamment les *balances hydrauliques* et les *chaînes sans fin*.

Les balances hydrauliques sont encore employées dans certains puits du pays de Galles, mais pour de faibles profondeurs. Ce sont des cages dont la partie inférieure est formée de caisses en tôle contenant assez d'eau pour que le poids de la cage du jour, ainsi chargée d'eau, enlève la cage du bas portant le wagon plein. Il faut donc, après avoir reçu au jour le wagon plein et lui avoir substitué un vide, remplir d'eau la caisse, cette eau étant vidée dans le puisard, lorsque la cage est à l'accrochage du fond.

Cette manœuvre, toute simple qu'elle paraît, est cependant longue et retarde beaucoup l'extraction, de telle sorte que le système ne peut convenir qu'à des puits qui ont une faible production.

Ce système a d'ailleurs l'inconvénient de laisser tomber constamment de l'eau dans le puits qui devient, en peu de temps, dans un tel état de saleté, que l'entretien des appareils finit par en souffrir. L'eau ainsi descendue dans le puits doit d'ailleurs être épuisée par des pompes, et la simplification de l'appareil d'extraction n'est pas réelle, car on substitue à l'entretien très-facile d'une machine d'extraction, l'entretien plus complexe d'une machine et d'une colonne d'épuisement. Lors même que la mine possède déjà une machine d'épuisement, l'économie résultant de l'effet utile de cette machine, comparativement à une machine d'extraction, ne peut certainement être suffisante pour qu'il y ait avantage à employer une balance hydraulique, qui exige elle-même des frais très-notables de manœuvre et d'entretien.

Une chaîne sans fin était appliquée en 1862 à un puits de Saint-Helens (bassin de Liverpool), dont la profondeur était de 114 mètres.

Cet appareil se compose de deux chaînes à la Vaucanson, placées à l'écartement de 1^m,40, qui reçoivent le mouvement de deux plateaux dentés, de 1^m,60 de diamètre, élevés à environ 3 mètres au-dessus du niveau de la recette.

Les deux chaînes sont reliées de distance en distance par des traverses espacées de 2^m,50, qui les rendent solidaires, et qui, dans leur milieu, portent des crochets auxquels on suspend les wagons pleins montant d'un côté, tandis que les wagons vides descendent de l'autre.

Au fond du puits, deux roues dentées reçoivent les chaînes sans fin ; elles sont calées sur un même arbre mobile dans des coulisses verticales, de telle sorte qu'elles servent à la fois de guide et de tendeur.

Ces chaînes, portant ainsi d'un côté les wagons pleins et de l'autre les vides, constituent une véritable *Noria* pour monter le charbon. Une machine de 45 à 50 chevaux transmet le mouvement aux deux poulies supérieures par des engrenages, la vitesse des chaînes étant de 0,55 par seconde.

Cet appareil a pu fournir une extraction journalière de

9,000 hectolitres, de la profondeur de **114 mètres**. Ses avantages sont de nature à séduire. Tout est parfaitement équilibré ; les wagons peuvent être accrochés ou décrochés sans qu'il soit besoin d'arrêter ; on n'emploie que trois hommes au jour et deux au fond pour recevoir et accrocher les wagons, ce qu'ils font avec une très-grande habileté, au point que dans certains moments on sort cinq wagons par minute.

Les inconvénients sont cependant tels, que ce système n'a jamais été appliqué que pour de faibles profondeurs. Ils résultent principalement des difficultés d'entretien et des conséquences désastreuses de la rupture d'une chaîne.

Toutes ces tentatives, faites en Angleterre pour modifier le type ordinaire des appareils d'extraction n'ont eu aucune suite sérieuse ; partout où il existe de bonnes installations, on retrouve le type de machine et d'installation que nous avons décrit dans la première partie, notamment pour Dunkirk Colliery, et qui est représenté par le croquis **Planche X**, *figure* 9.

Ce sont uniquement les installations puissantes qui peuvent présenter de l'intérêt. Nous jetterons donc un coup-d'œil sur quelques exemples les plus remarquables.

Le puits de Ryhope, situé à trois milles au sud de Sunderland, a excité l'étonnement de tous ceux qui ont récemment visité le bassin de Newcastle. Le rapport de **MM.** Waroqué et Briard, et celui de MM. Chagot et Audemar, nous permettront de donner quelques détails sur son installation.

L'exploitation de Ryhope ne possédait, en **1862**, qu'un

seul puits de 5 mètres de diamètre, divisé en quatre compartiments, dont deux sont consacrés au service d'**extraction**, les deux autres à l'épuisement et à l'aérage.

Depuis, on a ajouté un nouveau puits de manière à doubler les moyens d'extraction et à donner satisfaction aux règlements qui, après la catastrophe de Hartley (16 janvier 1862) ont posé en principe : qu'une mine devait avoir au moins deux tubes distincts, et que tous les services **ne** devaient plus être concentrés dans le même puits.

Le second puits, que l'on peut considérer comme le mieux étudié, est divisé conformément au tracé **Planche XL**, *figure* 8, qui représente une coupe au milieu du changeage, c'est-à-dire à la rencontre des cages. La section ne suffisant pas au croisement des cages, on a dû entailler une des parois; mais passé le changeage, les guides sont rapprochés progressivement, jusqu'à ce qu'ils puissent être contenus dans la section normale et circulaire du puits.

La grande cloison qui sépare le compartiment d'entrée d'air extérieur, de celui de la sortie de l'air chauffé par les foyers d'aérage, est établie au moyen de madriers contigus, de $0^m,10$ d'épaisseur, assemblés à languettes.

Le guidage est en bois, dans le compartiment d'entrée d'air. Dans celui de la sortie, comme on a reconnu qu'il s'altérait rapidement au contact de l'air échauffé, le guidage est en fer. Il est établi par des traverses ou moises, composées de deux lames de fer de $0^m,12$ de hauteur et de $0^m,011$ d'épaisseur, rivées à $0^m,08$ de distance au moyen d'entretoises en fonte. Ces moises réunies en équerre, sont encastrées dans la maçonnerie du puits ; elles portent de petits coussinets sur lesquels sont boulonnés des rails-guides en fer, dont la forme est indiquée *figure* 7.

Les moises sont placées à 1^m,80 de distance.

On voit, d'après le tracé, qu'un des compartiments d'extraction est à cages simples portant trois chariots sur trois étages, l'autre étant à cages doubles et portant quatre chariots sur deux étages.

Ce sont en réalité deux puits d'extraction dans un même tube, chacun de ces puits étant desservi par une machine spéciale de la force de 200 chevaux.

La profondeur du puits était, en 1862, de 474 mètres.

La descente et la remonte des ouvriers se font par les cages, bien qu'elle ne soient point munies de parachutes.

Les machines d'extraction de Ryhope, disposées comme l'indique le croquis **Planche X,** *figure* 6, sont à un seul cylindre avec condensation. La bielle attaque directement la manivelle de l'arbre des bobines qui est placé à la hauteur des molettes.

La tringle du piston est guidée au moyen de deux balanciers, réunis par des flasques et formant parallélo-gramme. Cette disposition, très-répandue en Angleterre, a l'avantage d'offrir un grand nombre de points où l'on peut attacher une bielle et prendre les mouvements nécessaires à la condensation, à l'alimentation, soit à tout autre organe de transmission pour un autre service mécanique autour du puits d'extraction.

Les bobines ont un diamètre de 6^m,40 ; le volant du frein qui les accompagne a 7^m,90.

Les câbles plats en fil de fer passent sur des molettes de 5^m,20 de diamètre.

L'extrémité de l'axe des bobines porte un tambour, sur lequel s'enroule une chaîne contre-poids, qui plonge dans un puits spécial à côté du bâtiment.

La charpente des molettes est appuyée sur les deux bâtiments des machines, de manière à présenter à la fois une grande légèreté et toute la solidité désirable.

Le service se fait dans les conditions suivantes :

Les cages reçoivent dans chaque tube, des chariots contenant au moins 600 kilogrammes de houille, à un seul accrochage établi au niveau de 460 mètres.

La durée moyenne d'une manœuvre complète est de 1′ 15″, tous les mouvements compris. La vitesse moyenne d'ascension des cages est de 7^m,60 par seconde.

' Les chariots, arrivés au jour, passent tous sur une bascule et sont ensuite versés sur des cribles par des culbuteurs.

Dans ces conditions, l'extraction a pu atteindre 2,000 tonnes en vingt-quatre heures ; 1,600 tonnes pour le trait de jour et 400 pour le trait de nuit.

Il n'est pas sur le continent un seul exemple d'une fosse qui puisse être comparée à celle de Ryhope ; mais l'installation mécanique, quoique remarquable, n'est pour rien dans la supériorité de la fosse anglaise.

Cette supériorité est uniquement due à la richesse et à la régularité du fond. Quatre couches sont exploitées, dont la puissance varie de 1^m,20 à 1^m,60. Le terrain est tellement régulier et favorable, que l'exploitation a pu s'étendre sur 6 kilomètres suivant la direction, et sur 2 kilomètres suivant l'inclinaison, c'est-à-dire sur une superficie de 1,200 hectares.

Pour son extraction de 2000 tonnes par jour, la mine de Ryhope emploie un total de 800 ouvriers ou gamins qui reçoivent 45,000 francs par quinzaine, soit environ 2 francs par tonne ou 0^f,18 par hectolitre.

Sur le continent, une extraction similaire exige 5 à 6 fosses d'extraction en activité, placées à des distances d'un ou plusieurs kilomètres, et le concours de 2,400 à 3,000 ouvriers recevant un salaire de 3 fr. 50 c. à 4 fr. par tonne, soit 0^f,36 par hectolitre. C'est-à-dire que la main-d'œuvre figure dans le prix de revient pour un chiffre double de ce qu'elle est à Ryhope.

En résumé, l'installation de Ryhope, tout en méritant d'être étudiée, ne nous présente aucun élément dont nous puissions profiter pour améliorer nos moyens d'extraction. Nous opérons aussi bien, aussi économiquement; la supériorité de la fosse anglaise est uniquement due aux conditions de l'exploitation, conditions qui permettent d'amener à un seul accrochage une aussi grande production.

Cette supériorité de conditions a frappé MM. Warocqué et Briart, qui s'expriment ainsi dans leur rapport :

« Une première surprise attend le visiteur étranger qui
« s'approche de cette exploitation; le chemin de fer qui la
« relie aux autres chemins de fer et au port d'embarque-
« ment de Sunderland, est posé sur un remblai de 4 à
« 5 mèt. de hauteur et d'environ 600 mèt. de longueur.

« qui est uniquement composé de menus charbons. C'est
« qu'en effet ces menus charbons sont de nulle valeur et
« ne coûtent guère que les frais de transport à ceux qui
« le consomment sur les lieux. Le surplus est remblayé,
« employé au chauffage des générateurs de l'exploitation,
« ou même brûlé en plein air quand on ne peut s'en dé-
« barrasser autrement.

« Il est impossible en voyant cela, de ne pas pressentir
« qu'on va trouver à chaque pas les Anglais abusant des
« avantages naturels qu'ils rencontrent dans les gîtes
« houillers de leur pays. »

Les puits 4 et 5 de *Brynmaley*, dans le Nord de Galles,
sont deux puits jumeaux, placés à 25 mètres l'un de l'autre
et consacrés à l'extraction. Nous les citons parce qu'ils sont
un exemple de la tendance des Anglais à substituer les
puits jumeaux de petit diamètre, à ces grands puits de 5 mètres de diamètre, qui, dans beaucoup de cas, présentent
plus de difficulté de creusement et de cuvelage, et qui ont
surtout l'inconvénient de concentrer tous les services dans
un seul tube.

Sous le rapport de l'installation mécanique, cette disposition présente d'ailleurs des avantages. Elle permet un
meilleur emploi des câbles qui ne sont ployés que dans un
seul sens et place l'arbre des bobines et ses supports dans
des conditions plus normales de résistance, et par conséquent dans des conditions de plus longue durée et de plus
grande sécurité.

A Brynmaley, **Planche X,** *figures* 1 *et* 2, les chevalets en porte-à-faux sont appuyés sur le bâtiment et sur les paliers même de l'arbre des bobines.

La machine est de 180 chevaux, à condensation, avec distribution par soupapes de Cornwall. Elle est verticale et attaque directement les bobines qui sont fixées de chaque côté d'un volant de 7 mètres de diamètre, **Planche X**, *figures* 7 *et* 8.

Ces bobines, pour câbles plats, ont 5^m,50 de diamètre initial. Elles sont formées par des consoles rapportées de chaque côté du volant dont la jante est armée d'un frein, *figures* 10 *et* 11.

Entre les bras du volant, on a pu disposer les contre-poids pour équilibrer la manivelle, le piston, etc., ce qui permet de franchir les points morts avec la plus grande facilité. Enfin, pour régulariser le moment de la résistance, une chaîne contre-poids s'enroule sur une poulie placée à l'extrémité de l'arbre des bobines et se déroule dans un puits spécial placé au-dessous.

Cet ensemble présente un caractère de simplicité qui nous paraît devoir être applicable avec avantage dans certaines conditions de nos terrains houillers. On a, en quelque sorte, laissé de côté certains territoires sous lesquels le terrain houiller est recouvert par des terrains à niveaux très-difficiles à franchir. Le procédé Chaudron qui s'applique si bien au forage et au cuvelage des puits dans ces terrains, offre surtout des garanties pour les diamètres de 2^m,50 à 3 mètres qui conviennent aux puits jumeaux, et dans ce cas, la disposition de Brynmaley, mérite une recommandation toute particulière.

Le puits *Navigation*, dans le bassin houiller Sud de Galles, a également attiré l'attention de MM. L. Chagot, Audemar et Luyton par le caractère spécial de ses dispositions.

C'est un grand puits de 5 mètres de diamètre avec deux compartiments guidés pour l'extraction, disposés ainsi qu'il est indiqué **Planche X L,** *figure 4*.

Ces compartiments sont desservis chacun par une machine de 150 chevaux, ces deux machines étant disposées conformément au croquis **Planche X,** *figures 4 et 5*.

Chacune de ces machines d'extraction est à deux cylindres oscillants de $0^m,80$ de diamètre et 2 mètres de course, qui donnent le mouvement à un énorme tambour à neuf diamètres, sur lequel s'enroulent des câbles ronds, dont on préfère l'emploi dans cette région du pays de Galles.

Les enroulements se composent de neuf tours de spire, conduisant du diamètre initial de 3 mètres, au diamètre final de 7 mètres. Les deux enroulements sont séparés par une couronne de 8 mètres de diamètre sur laquelle le frein est appliqué.

On est arrivé ainsi à assimiler l'emploi des tambours et des câbles ronds et l'emploi des bobines et des câbles plats. On peut même obtenir de plus grandes différences dans les diamètres d'enroulement.

L'enroulement se fait d'ailleurs très-bien sur ces tambours, et telle est la rapidité des manœuvres que les machines semblent à peine s'arrêter, chaque enlevage et réception ne durant pas plus d'une minute. Lorsqu'on est pressé, on arrive même à 7 manœuvres par cinq minutes.

Les cages étaient à un seul étage, et le puits de 360 mètres était parcouru à une vitesse de 7ᵐ,50 par seconde en temps normal, et de 9 mètres lorsqu'on était pressé.

Ce puits extrait habituellement 12,000 hectolitres en 10 heures de travail.

La tentative faite au puits *Navigation*, pour obtenir par des tambours à spirales les diamètres d'enroulement nécessaires pour régulariser le moment de la résistance, n'est pas d'ailleurs une tentative isolée. On a construit des tambours en tôle avec plans inclinés sur lesquels sont disposés les gorges d'enroulement en spirales pour la réception des câbles, ainsi qu'il est indiqué par le croquis, **Planche X**, *figure* 3.

Cette disposition permet de combiner les diamètres d'enroulement de manière à obtenir, sans contre-poids, la régularité des moments de résistance.

CHAPITRE III.

ÉCLAIRAGE. — AÉRAGE.

L'éclairage et l'aérage des houillères sujettes au grisou ne présentent pas encore les garanties que l'on désirerait obtenir. Des explosions meurtrières se sont produites à Dour, au couchant de Mons, vers la fin de 1864, et à Denain, au commencement de 1865, sans qu'il ait été possible d'en reconnaître les causes.

Ces catastrophes ramènent constamment l'attention sur les lampes de sûreté et nous n'avons à ajouter qu'une seule considération à l'appui de celles que nous avons développées dans la première partie de cet ouvrage. L'administration des mines de la Belgique vient de prescrire l'usage de la lampe Mueseler, à l'exclusion de toute autre. Le décret a été rendu en juillet 1864 dans les termes suivants :

Le ministre des travaux publics, vu l'art. 11 de l'arrêté royal du 1er mars 1850, qui rend obligatoire, pour les mines à grisou, l'emploi de lampes de sûreté admises par l'Administration des mines ; revu l'arrêté ministériel du 10 juillet 1851, qui détermine provisoirement les appareils dont l'emploi est exclusivement toléré pour l'éclairage des mines à grisou ;

Considérant qu'il résulte de l'expérience que parmi tous ces appareils la lampe Mueseler type est celle qui présente le plus de sûreté pour les mineurs ; vu l'avis du Conseil des ingénieurs en date du 15 mars dernier ; arrête :

Art. 1er. L'emploi de la lampe *Mueseler type*, est rendu obligatoire pour l'éclairage des mines à grisou.

Art. 2. Le remplacement des autres lampes actuellement en usage aura lieu dans les délais à déterminer par la députation permanente du Conseil provincial, sur la proposition des ingénieurs des mines et sous réserve de l'approbation du Ministre des travaux publics.

Art. 3. Au cas de travaux où la lampe Mueseler type pourrait donner lieu à de graves inconvénients pratiques, l'emploi conditionnel d'un autre appareil d'éclairage pourra être toléré par exception, et à titre provisoire. Les demandes tendantes à jouir du bénéfice de cette exception seront adressées à la députation permanente du Conseil provincial, qui statuera, sur l'avis des ingénieurs des mines et sous réserve de l'approbation du Ministre des travaux publics.

Nous avions déjà signalé la supériorité de la lampe Mueseler et les défectuosités de la lampe Davy, mais ce qui donne surtout de l'opportunité aux prescriptions de l'administration belge, c'est que les derniers accidents ont eu lieu dans des mines où l'on employait la lampe Davy.

En France et en Belgique, il se produit souvent des propositions de nouvelles lampes de sûreté, mais ce sont toujours des dispositions qui ont pour but d'empêcher les ouvriers d'ouvrir leurs lampes. Les moyens de fermeture ordinaires, appliqués sous la surveillance d'un bon règlement, ou bien même le système Dubrulle, offrent déjà des garanties suffisantes. Ce qui est essentiel, ce sont les conditions de sûreté, et sous ce rapport, la lampe Mueseler reste toujours la plus complète.

Quant à l'aérage, les moyens sont plus variés ; mais parmi les nombreux appareils déjà cités, le ventilateur à force centrifuge a été surtout perfectionné, de telle sorte qu'il a gagné du terrain sur tous les autres.

Les perfectionnements dus aux recherches persévérantes et aux constructions multipliées de M. Guibal ont donné à ces ventilateurs le caractère d'une invention nouvelle, en rendant applicable à tous les cas de la ventilation des mines, un appareil qui était presque abandonné, par suite de l'insuffisance de son débit et de son faible effet utile. A ce point de vue, il convient de résumer les perfectionnements successifs qui constituent le *ventilateur Guibal*.

M. Guibal a d'abord constaté que les ventilateurs libres, c'est-à-dire sans aucune enveloppe, qui existaient au couchant de Mons, mettaient en mouvement l'air ambiant et perdaient de ce chef, les trois quarts de la force qui leur était transmise.

Cette neutralisation de l'effet utile croissait rapidement à mesure que le volume débité par la mine était plus petit et que la dépression nécessaire à la ventilation était plus grande. Ainsi, M. Jochams, dans une de ses expériences, en gênant le courant d'air d'une mine, a trouvé que l'effet utile tombait à 5 pour 100 de la force dépensée par un ventilateur sans enveloppe. De là l'idée de restituer à ces ventilateurs l'enveloppe dont on les avait dépouillés, croyant les rendre ainsi plus propres à l'aspiration.

Dès que cette idée fut conçue, celle de rendre variable l'ouverture par laquelle l'air aspiré, doit être lancé dans l'atmosphère, en découlait naturellement. Mais comme aucun calcul ne pouvait faire connaître *a priori* quel volume débitera une mine, sous une dépression déterminée, il a fallu disposer une vanne régulatrice, qui permît de régler par expérience et tâtonnement l'ouverture de sortie.

L'enveloppe et la vanne régulatrice constituent donc la première transformation que **M.** Guibal a fait subir aux ventilateurs aspirants des houillères. Elle a été représentée dans la première partie de l'atlas du matériel des houillères, telle que l'auteur la réalisait dans ses premiers appareils.

Un second pas restait à faire, aussi important que le premier. L'air lancé avec vitesse par l'appareil emportait avec lui un travail considérable, et pour le moins égal à celui que nécessitait l'appel de l'air de la mine. Il fallait faire disparaître cet inconvénient, problème résolu par **M.** Guibal en jetant l'air refoulé par le ventilateur dans une cheminée à section croissante, sorte d'ajutage évasé dans lequel l'air perd progressivement sa vitesse et finit par s'exhaler à peu près dans les mêmes conditions de vitesse qu'il a en sortant des puits munis de foyers d'aérage. Le nouveau ventilateur a été complété par une heureuse modification de la vanne régulatrice, actuellement formée par une cloison flexible qui monte et descend à volonté, guidée par des coulisses latérales suivant la courbe du coursier.

A cet historique des perfectionnements apportés par M. Guibal, il faut ajouter les études qui l'ont conduit à déterminer le diamètre et la largeur de ses ventilateurs, suivant les quantités d'air et les dépressions qu'on se propose d'obtenir.

Aujourd'hui, quarante ou cinquante appareils montés et tenus en activité, démontrent qu'il n'est pas, dans le régime habituel des mines, de volume à débiter et de dépression nécessaire, auxquels le ventilateur Guibal ne puisse répondre.

Les plus grands de ces appareils ont 7 et 9 mètres de diamètre, 2^m,50 et 3 mètres de largeur. Ils débitent de 25 à 50 mètres cubes, sous des dépressions de 6 à 10 centimètres d'eau; ils pourraient débiter des quantités d'air supérieures, si les mines sur lesquelles ils sont établis, les fournissaient.

Un de ces ventilateurs, construit par M. Michaux d'Anzin, a été monté aux houillères de Bully-Grenay, près Béthune. Il est représenté en plan, coupes et élévation, **Planche XVI**.

Sa disposition est conforme aux principes qui viennent d'être énoncés. Enveloppe, avec fermeture mobile, obtenue en faisant glisser une cloison flexible suspendue à une poulie, de manière à régler à volonté l'ouverture de sortie de l'air. Cheminée évasée, à section régulièrement croissante, de manière à diminuer progressivement la vitesse de l'air expulsé.

Théoriquement, la dépression produite ne devrait pas être supérieure à $h = \dfrac{V^2}{2\,g}$ qui est la limite de l'action de force centrifuge pour un appareil dont V exprime la vitesse à l'extrémité des palettes.

Mais d'après M. Guibal, on obtient en réalité une dépression H, notablement supérieure à celle qu'indique la théorie, et cela par l'effet de la cheminée. On a trouvé, suivant les circonstances, $H = h \times 1,10 ; 1,20 ; 1,38$ et même $1,50$.

On peut donc admettre en moyenne $H = 1,25 \dfrac{V^2}{2\,g}$

Cette expression qui donne H en colonne d'air, devient plus uselle sous la forme $H = 0,082\,V^2$ qui donne la dépression en millimètres d'eau.

Comme V est égal à $\dfrac{3,14 \times D \times N}{60}$ pour un ventilateur dont D exprime le diamètre et N le nombre de tours par minute, la valeur de H en fonction de D et de N, devient, toutes réductions faites, $H = 0,00023\,D^2\,N^2$.

On peut donc déterminer le diamètre d'un ventilateur faisant un nombre donné de révolutions par minute, pour qu'il fournisse une dépression déterminée, exprimée en millimètres d'eau, en posant $D = \sqrt{\dfrac{H}{0,00023\,N^2}}$

Pour le cas du ventilateur de Bully-Grenay, près Béthune, les exploitants ayant demandé une dépression de 80 millimètres, le nombre de tours ne dépassant pas 100, soit 90, la formule ci-dessus donne :

$$D = \sqrt{\frac{80}{0,00023 \cdot 90^2}} = \sqrt{43} = 6^m 55.$$

On a donc pris $6^m 50$ pour le diamètre de cet appareil.

M. Guibal n'est pas encore parvenu à établir d'une manière entièrement satisfaisante les formules relatives à la détermination des proportions les plus convenables, par rapport au volume à débiter. Il ne croit pas qu'on puisse établir une relation entre ce que l'on a appelé le *volume engendré* et celui que le ventilateur débite, bien qu'il existe évidemment quelques rapports entre eux. C'est sur des observations multipliées qu'il se fonde pour déterminer la largeur de ses appareils, le diamètre de l'ouie, la longueur des palettes et leur nombre, enfin le tracé du coursier et celui de la cheminée.

Néanmoins, grâce aux dispositions adoptées, et surtout à la faculté que l'on a de régler l'orifice de sortie, le ventilateur à force centrifuge modifié, se prête à toutes les éventualités et s'adapte à ce que M. Guibal appelle le *tempérament d'une mine*, de manière à fonctionner dans des conditions toujours voisines du maximum d'effet utile.

Des expériences nombreuses ont été faites par MM. Guibal et Scohy, sur un ventilateur établi à Forchies, près Charleroi, au charbonnage de Montceau-Fontaine.

Les dimensions de ce ventilateur diffèrent peu de celles du ventilateur de Béthune, le diamètre étant de 6 mètres et la largeur $1^m,70$.

Il existe aussi au puits n° 10 de Montceau-Fontaine un ventilateur de 9 mètres de diamètre, sur lequel les mêmes expériences furent répétées.

Cinq manomètres furent placés sur les ventilateurs et disposés comme suit (voir ci-après le *Tableau des expériences*) :

1° Dans la galerie de retour de l'air;

2° A l'ouie ;

3° A la naissance de la partie supérieure du coursier ;

4° Au sommet du coursier ;

5° A l'extrémité du diamètre, opposée à la cheminée.

Une série d'expériences fut suivie, le 16 août 1863, par MM. Atkinson et Dickinson, inspecteurs des mines en Angleterre. Ces ingénieurs ont successivement étudié en France et en Belgique les ventilateurs appliqués à l'aérage des mines, afin de comparer avec ces procédés, ceux dont on fait usage dans les houillères en Angleterre.

Les tableaux ci-après, des expériences du 16 août 1863, sur les deux ventilateurs des puits n° 8 et n° 10 de Montceau-Fontaine, résument toutes les observations qui ont été faites.

Ces tableaux donnent en même temps le calcul de l'effet utile qui, suivant les circonstances, a varié de 30 et 35 à 45 et 50 pour cent du travail de la vapeur, *dans le cylindre de la machine*, en établissant le calcul sur la dépression manométrique la plus basse ; et de 50 à 67 et même 80 pour cent, en prenant pour base la dépression la plus élevée, celle qui se produit à l'ouie.

Nous pourrions multiplier les citations d'expériences. M. Cabany en a fait de très-intéressantes sur un ventilateur qu'il a établi à la fosse du Verger, à Anzin.

Le ventilateur du Verger, activé par une machine du système de Wolff, qui lui transmet le mouvement par une courroie, a 5 mètres de diamètre, 2 mètres de largeur, et fait de 100 à 120 tours par minute. Il a fourni des quantités d'air variables de 18 à 25 mètres cubes par seconde, sous une dépression de $0^m,069$ à $0^m,110$.

Son effet utile moyen a atteint 61 pour cent du travail transmis à son axe.

Plus récemment, au charbonnage du Boubier, près Charleroi, les expériences de réception d'un ventilateur de 7 mètres de diamètre et de $1^m,70$ de largeur, ont donné pour 87 tours par minute, une dépression de $0^m,078$ et un débit de 30 m³ 303. L'effet utile du travail de la vapeur dans le cylindre a été de 0,579, ce qui donne 72 pour cent du travail tranmis à l'axe, si l'on admet que la machine motrice absorbe pour son propre mouvement 20 pour cent du travail reçu par son piston.

Il n'est pas sans intérêt de comparer les tâtonnements mécaniques pratiqués sur les ventilateurs à force centrifuge, en Angleterre, avec les constructions exécutées par M. Guibal en Belgique et en France.

Un mémoire publié en Angleterre, en novembre 1861, par M. John Atkinson, nous met à même d'apprécier le point où en était la question. Ce mémoire indique les résultats d'une série d'essais faits sur le ventilateur d'Elsecar Colliery.

Le ventilateur avait 6,90 de diamètre extérieur et portait 26 palettes; il faisait 60 à 70 tours par minute. Le travail de ventilation fut constaté en chevaux-vapeur de 10,374 et le travail de la machine de 81,728 ; c'est-à-dire que l'effet utile était seulement de 12,69 pour cent.

Ce résultat minime est à remarquer, parce qu'il est

identique à celui des premiers ventilateurs à force centrifuge non enveloppés, établis en Belgique, résultat qui a déterminé l'abandon complet de ce système.

C'est qu'il n'est pas d'appareil dont les effets soient en quelque sorte aussi mystérieux, aussi difficiles à voir et à apprécier que ceux du ventilateur à force centrifuge. Il se produit dans cet appareil des remous, des contractions, des rentrées d'air qui peuvent en modifier profondément les résultats, et toutes ces actions ne se voient pas. Il a fallu suivre les phénomènes pas à pas, ainsi que l'a fait M. Guibal, pour reconnaître les dispositions les plus favorables, en modifiant successivement les conditions des canaux adducteurs et des canaux d'écoulement de l'air, en faisant varier la section suivant les besoins, en mettant enfin à profit les données d'une longue pratique ; chaque ventilateur monté devenant une occasion d'essais, d'études et de perfectionnements.

On se demande souvent si les houillères du continent n'auraient pas quelque chose à emprunter à celles de l'Angleterre, dont l'aérage est déterminé d'une manière à peu près générale par des foyers? Les faits nous paraissent répondre à cette question.

Presque toutes les houillères anglaises sont ventilées au moyen de *foyers* placés vers la partie inférieure des puits d'aérage.

On est arrivé à brûler 10 et 20 tonnes de houille par jour, dans ces foyers ou *fournaises* qui déterminent l'appel de l'air dans les mines anglaises. Pour brûler ces quantités croissantes, on a même dû modifier la disposition ordinaire des foyers, et adopter celle qui est indiquée par les croquis **Planche XL,** *figures* 9 *et* 10.

La galerie d'aérage est élargie de manière à présenter la forme de trois galeries parallèles. Celle du centre reçoit le foyer, et les deux galeries latérales sont consacrées au service, au moyen de portes dont le nombre dépend de la longueur donnée à la grille. Comme cette longueur peut être aussi considérable que l'on veut, on peut augmenter suivant les besoins les quantités de combustible brûlé et par conséquent la température de l'air ascendant dans le puits d'aérage.

Nous avons expliqué pourquoi ces foyers d'aérage ne sauraient être appliqués dans nos houillères, où les galeries n'ont pas des sections assez grandes pour que les dépressions que peuvent déterminer les foyers produisent une ventilation suffisante ; par conséquent, nous ne devons pas revenir aux foyers.

Au contraire, quelques houillères anglaises exigent déjà des dépressions élevées, et comme, en raison de l'étendue de leurs travaux et de la multiplicité des chantiers, elles ont besoin de volumes d'air beaucoup plus considérables que les nôtres, les ventilateurs qui remplaceront les foyers doivent avoir des dimensions proportionnées.

Dans cette prévision, M. Guibal avait étudié et envoyé à l'exposition universelle de Londres en 1862, le projet d'un ventilateur capable de déplacer 100 mètres cubes d'air par seconde, sous la dépression de 10 centimètres. Les dessins de ce puissant appareil sont reproduits **Planche XVII.**

Ils indiquent un diamètre de 9 mètres et une largeur de 4 mètres.

Quant à la machine motrice qui devait avoir la force de 200 chevaux, à la vitesse de 80 révolutions par minute, on voit qu'elle était composée de deux cylindres inclinés à 45 degrés, dont les pistons attaquaient une manivelle unique placée sur l'axe du ventilateur.

Jusqu'ici il n'y a qu'un ventilateur du système de M. Guibal en activité en Angleterre. Il est établi à la houillère d'Elswick Colliery, près Newcastle, dans laquelle il fait circuler un courant de 50 mètres par seconde, sous la dépression de 80 millimètres, lorsqu'on porte sa vitesse à 91 tours par minute.

L'effet utile de cet appareil a été trouvé par M. Cochrane, ingénieur de la mine, de 54 pour cent du travail de la vapeur dans le cylindre, ce qui indique que l'appareil utilise environ 67 pour cent du travail transmis à son axe.

On s'est adressé à M. Guibal pour l'établissement d'un appareil plus puissant, sur l'un des puits de la mine de Pelton, près Durham. Il devra fournir un courant de 50 mètres cubes; en marche normale. Cet appareil aura 9 mètres de diamètre et 3 mètres de largeur. Ils approchera donc beaucoup de celui qui est représenté **Planche XVII**. Toutefois, la machine motrice n'aura qu'un cylindre de $0^m,60$ de diamètre, et $0^m,60$ de course.

Cet appareil est en cours d'exécution. Lorsqu'il sera en activité, il donnera lieu à des expériences nouvelles et à des appréciations comparatives avec les foyers d'aérage, qui présenteront le plus grand intérêt.

Dans l'état actuel des constructions et des expériences, les tableaux suivants, qui résument celles qui ont été faites sur les ventilateurs de Montceau-Fontaine, précisent ce que l'on peut obtenir comme rendement et effet utile des ventilateurs à force centrifuge modifiés par M. Guibal, pour les conditions les plus ordinaires des mines en France et en Belgique.

Ces expériences ont eu un certain retentissement dans le Hainaut-belge, dont nous suivons l'impulsion en ce qui concerne les procédés d'aérage. Beaucoup de houillères remplacent d'anciens ventilateurs par des ventilateurs Guibal, cette substitution se trouvant encouragée par la simplicité mécanique des nouveaux appareils. Un seul axe à faire tourner avec une vitesse de 80 à 100 tours par minute présente les conditions les plus simples de mouvement et d'entretien; il en résulte une économie notable dans les frais de premier établissement qui facilite l'établissement des nouveaux ventilateurs.

NUMÉRO D'ORDRE des Expériences.	NOMBRE de révolutions du Ventilateur par minute.	DURÉE de l'Expérience. Minutes.	DÉPRESSION EN CENTIMÈTRES D'EAU DES MANOMÈTRES PLACÉS					PRESSION EN KILOGRAMMES par mètre carré d'après le manomètre placé dans la galerie.
			No 1. Dans la Galerie.	No 2. Dans l'Ouie.	No 3. Sur l'enveloppe.	No 4. Sur l'enveloppe.	No 5. Sur l'enveloppe.	
Au Puits No 8, ventilateur de 6 mètres								
1	42	10.20	»	»	»	»	»	»
2	39	10.30	»	»	»	»	»	»
3	82	11.00	4.7	5.0	3.2	2.1	2.0	47
4	84	11.15	5.0	5.5	3.6	2.2	2.1	50
5	80	11.45	4.5	4.9	3.2	1.9	1.8	45
6	102	0.15	7.2	7.5	4.5	3.0	2.9	72
7	103	0.45	7.5	8.1	4.8	3.1	3.1	75
8	118	1.07	9.9	10.4	6.4	4.1	4.0	99
8	118	1.07	9.9	10 4	6.4	4.1	4.0	99
Au Puits No 10, ventilateur de 9 mètres								
1 A	33	4	1.5	2.2	1.0	0.9	0.8	15
1 B	33	4	1.5	2.2	1.0	0.9	0.8	15
1 A+1 B / 2	33	4	1.5	2.2	1.0	0.9	0.8	15
2	45	4.25	2.4	3.3	1.6	1.5	1.0	24
3	50	4.45	3.0	5.0	2.3	2.2	2.0	30
4	43	5.0	2.7	3.9	1.5	1.8	1.5	27
5	56	4.40	4.0	5.5	2.6	2.8	1.7	40

Les Manomètres placés dans l'ouie étaient disposés de manière à mesurer la dépression
ceux établis dans la galerie, de manière à indiquer cette même résistance, moins la

FAITES

...onnages de Montceau-Fontaine

...ngleterre, assistés par **M. SCOHY**, Ingénieur du Charbonnage.

| QUANTITÉ D'AIR par minute. | PRESSION de la vapeur | | PUISSANCE en chevaux | | | PUISSANCE en chevaux | | EFFET UTILE en prenant la dépression de l'ouie. |
| | dans les chaudières. | Dans le cylindre d'après l'indicateur. | Total donné par l'Indicateur. | Utilisée dans la galerie. | Pour les résistances. | Pour les résistances. | Utilisée. | |
Mètres cubes.	En Atmosph.	En Atmosph.	Chevaux.	Chevaux.	Chevaux.	Pour 100.	Pour 100.	Pour 100.

...le diamètre et de 1 mètre 70 c. de largeur.

Mètres cubes.	En Atmosph.	En Atmosph.	Chevaux.	Chevaux.	Chevaux.	Pour 100.	Pour 100.	Pour 100.
»	0.329	0.145	2.718	»	»	»	»	»
405.6	0.329	0.148	2.583	»	»	»	»	»
702.0	0.775	0.419	15.303	7.230	8.072	52.8	47.2	50.54
738.0	0.805	0.507	18 964	8.095	10.869	57.3	42.7	46.97
717.6	0.775	0.475	16.950	7.080	9.873	58.3	41.7	45.03
842.4	1.113	»	»	13.298	»	»	»	»
884.0	1.19	1.09	49.98	14.535	35.445	70.9	29.1	32
1008.8	1.49	1.28	67.24	21.895	45.133	67.3	32.7	35
1008.8	»	1 27	66.82	»	»	»	»	»

...le diamètre et de 2 mètres de largeur.

Mètres cubes.	En Atmosph.	En Atmosph.	Chevaux.	Chevaux.	Chevaux.	Pour 100.	Pour 100.	Pour 100.
1057.0	0.35	0.436	»	»	»	»	»	»
1057.0	0.35	0.443	»	»	»	»	»	»
1057.0	0.35	0.439	11.224	3.478	7.746	69	31	46 %
»	0.646	0.477	16.588	»	»	»	»	»
1458.6	0.795	0.50	19.033	9.592	9.441	49.6	50.4	83.66
1101.0	0.574	0.416	13.895	6.517	7.378	53.1	46.9	67.53
»	0.994	»	»	»	»	»	»	»

...qui exprime la résistance de la mine, plus la hauteur due à la vitesse en ce point; et
...hauteur due à la vitesse de l'air au point où ils étaient placés.

La partie mécanique d'un ventilateur de 7 mètres de diamètre et 1^m,70 de largeur, pouvant fournir 25 à 30 mètres cubes par seconde sous la dépression de 6 à 10 centimètres d'eau, est évaluée à 9,500 francs (non compris les chaudières).

Les maçonneries à exécuter pour établir un ventilateur de cette dimension peuvent, en moyenne, être comptées pour 4,500 francs, y compris la vanne régulatrice et divers accessoires. On arrive ainsi à un devis total de 14,000 francs pour l'établissement complet.

Ce qui est surtout à remarquer, c'est que M. Guibal garantit à la fois le débit de ces ventilateurs et la dépression productive. Cette garantie est un fait nouveau dans la construction des ventilateurs destinés à l'aérage des mines.

La puissance utile du ventilateur, dans les conditions précitées, étant de 32 chevaux, il en résulte que les frais de premier établissement ressortent à 600 francs par force de cheval appliquée à la ventilation.

Si l'on se reporte à ce que nous avons dit dans la première partie de ce travail, sur les prix des ventilateurs, on reconnaîtra que jusqu'à présent aucun système ne s'était présenté dans des conditions aussi économiques.

CHAPITRE IV.

ÉPUISEMENT DES EAUX

Les eaux des mines sont épuisées dans la plupart des cas, au moyen des machines d'extraction. Pour ce mode d'épuisement, on substitue aux cages d'extraction des caisses à eau, disposées comme il a été indiqué dans la première partie du matériel des houillères. D'autres fois, pour éviter la substitution des caisses à eau aux cages, on fait entrer dans les cages elles-mêmes, des caisses à eau montées sur roulettes.

On peut enlever par des caisses, 2 ou 3 mètres cubes d'eau à chaque voyage.

Mais dans ce mode d'épuisement, il se perd un temps notable à chaque manœuvre. Il faut, en effet, amener la caisse à eau sur les taquets du clichage pour que le vidage commence, et ce vidage, par une soupape de section réduite, exige une station assez longue.

On a cherché à réduire la perte de temps par diverses dispositions, et celle qui a été récemment appliquée aux houillères de Blanzy nous paraît devoir être particulièrement recommandée. **Planche XX**.

Cette disposition a pour effet d'utiliser pour le vidage des caisses à eau tout le temps disponible dès que la caisse sort de l'orifice du puits, sans qu'il soit besoin d'attendre qu'elle soit reposée sur les taquets du clichage.

Pour atteindre ce but, la caisse à eau, arrivée à la hauteur convenable et avant d'être arrêtée, rencontre un châssis mobile qui l'accompagne jusqu'à la limite de son ascension ; ce châssis porte le heurtoir qui a fait lever la soupape.

Le vidage a commencé dès le premier choc du heurtoir; il s'achève sans qu'il soit besoin de poser la caisse à eau sur les taquets du clichage, de sorte que cette caisse est renvoyée au fond au moment où le vidage est complet, sans le double mouvement nécessaire pour la manœuvre des taquets.

L'économie de temps est ainsi bien évidente ; en voici les résultats pratiques pour un épuisement effectué au puits de Lucy, près Montceau-les-Mines.

Le puits a 200 mètres de profondeur ; l'épuisement par caisses avec l'ancien système, permettait de faire 30 manœuvres par heure, c'est-à-dire de vider 30 caisses de 25 hectolitres, soit 750 hectolitres par heure. Cette quantité étant insuffisante, les caisses furent disposées ainsi qu'il est indiqué **Planche XX**. Les châssis mobiles, guidés par des tringles, déterminent la levée de la soupape de fond au moyen d'un levier, et le vidage commence ainsi qu'il a été dit plus haut, dès que la caisse est à la hauteur convenable.

Les récepteurs de l'eau sont disposés de manière à recevoir le jet latéral, sans qu'il y ait déperdition, et la caisse se vide pendant son mouvement d'ascension et de descente, au-dessus des taquets, sans avoir besoin d'être amenée à une position fixe.

Grâce à cette disposition, le nombre des ascensions a été porté facilement à 50 par heure, c'est-à-dire à 1,250 hectolitres. Lorsqu'on est pressé, on peut même aller à 60 voyages, soit 1,500 hectolitres par heure.

1,200 hectolitres par heure représentent un épuisement déjà considérable, et, dans beaucoup de cas, les dispositions prises par la Compagnie de Blanzy, et représentées **Planche XX**, peuvent retarder ou même éviter l'installation coûteuse d'une colonne d'épuisement.

En ce qui concerne les machines d'exhaure que l'on monte aujourd'hui, nous n'avons à signaler aucune condition nouvelle dans leur construction. Ces machines sont en général très-fortes ; d'abord, parce que le perfectionnement des épuisements par bennes ou caisses à eau dispense d'en monter de faibles, en second lieu, parce que les mines vont toujours s'approfondissant en étendant de plus en plus leurs travaux.

Ajoutons également que l'on aborde des entreprises d'avaleresses à très-grand diamètre, et dans des conditions de plus en plus difficiles sous le rapport de l'abondance et de la pression des niveaux à traverser.

POMPES D'AVALERESSES.

Planche XVIII.

Les pompes de mines ne nous paraissent présenter aucun perfectionnement qui ne rentre dans les types décrits précédemment. Nous signalerons seulement la pompe élévatoire employée par M. Lévy, ingénieur, pour le creusement de l'avaleresse de Carling dans la Moselle ; cette pompe est représentée **Planche XVIII.**

Ce que M. Lévy a surtout cherché dans cette disposition, ce sont les moyens de faciliter toutes les manœuvres que doivent subir les pompes d'avaleresse.

Le corps travaillant, de 0^m,550 de diamètre, a une longueur de 5 mètres, de manière à pouvoir être descendu, à mesure de l'approfondissement, de tout l'excédant de cette longueur sur la course de la machine.

Ce corps porte des anneaux-nervures qui servent à le saisir par un collier boulonné, dont la disposition et les dimensions sont également indiquées.

La suspension est organisée au moyen de tiges en bois et fer, dont les assemblages sont à clavettes.

Le piston, pièce essentielle de cette pompe, a été l'objet d'une étude toute particulière de la part de M. Lévy.

A sa partie supérieure, la tige est assemblée à clavettes pour le changement rapide du piston ; elle est boulonnée à la partie inférieure pour le démontage complet.

Le clapet, formé d'un seul cuir embouti, est de la forme dite clapet Le Testu. La **Planche XVIII** indique à la fois la disposition du siége à jour et les coupures pratiquées pour faciliter l'emboutissage du cuir.

On remarquera que le corps travaillant est évasé à chaque extrémité, au diamètre de 0^m,63, diamètre de la colonne des tuyaux, de manière à recevoir facilement le piston, qui peut être à volonté retiré par le haut de la colonne et redescendu en place.

Cet ensemble des pièces qui constituent la pompe élévatoire employée pour le fonçage de l'avaleresse de Carling, présente un intérêt spécial, non-seulement parce que les détails ont été minutieusement étudiés, mais parce que cette avaleresse est une de celles qui ont été réussies dans la Moselle, et que ce succès est dû aux bonnes dispositions adoptées par M. Lévy pour dominer les eaux.

TIGES DE POMPES.
Planche XIX.

La **Planche XIX** représente la disposition des tiges et des pompes établies dans la Ruhr pour un épuisement permanent.

Les pompes sont toutes foulantes et les tiges, dont la **Planche XIX** donne à la fois l'ensemble, *figure* 1, A, B, C, D, E, et les détails, *figures* 2, 3, 4, 5, 6, 7, 8, 9 et 10, cotés en pieds et pouces du Rhin, ont été construites dans les ateliers de Krupp, près d'Essen.

L'emploi du fer et de l'acier pour la confection des maîtresses tiges, est plus mécanique et plus sûr que celui du bois. Il n'y a contre cet emploi que la difficulté d'assembler solidement les pièces entr'elles, et d'empêcher le fouettement latéral qui résulte des sections trop réduites des tiges en fer.

Dans l'exemple indiqué, ces difficultés ont été heureusement résolues au moyen de pièces de fonte qui servent pour tous les cas d'assemblage de tiges simples ou jumelles, et par la construction de toute la partie inférieure de la maîtresse tige en bois, avec platines en fer.

Le poids de cette partie inférieure exerçant un grand effort de traction sur les tiges supérieures en fer, empêche le fouettement et rend le guidage très-facile.

En partant du point A de la maîtresse tige, on voit d'abord la traverse d'attache aux deux bielles de suspension du piston moteur ; puis 23 pieds plus bas, une boîte cylindrique raccordant deux tiges placées bout à bout et clavetées ainsi qu'il est indiqué dans les dessins de détail ; puis un premier guide, formé d'une boîte à étoupe, avec stuffing-box traversé par la tige cylindrique. La boîte de raccordement peut se poser sur le stuffing-box et servir ainsi de support à la tige, en cas de rupture dans les parties supérieures. On trouve dans les dessins de détail, *figure* 9, le plan et la coupe de ce guide, répété cinq fois sur la longueur totale A B.

A partir du point B, sur la partie BC, de la maîtresse tige, on trouve d'abord un sixième guide, puis un support de toute la maîtresse tige, au moment où cette tige est au bas de la course. Ce support ou *arrêt*, est composé d'une traverse clavetée indiquée aux détails, *figure* 7, venant se poser sur quatre moises encastrées.

Au-dessous de ce support, deux guides, puis la première pompe foulante fixée sur une fondation formée par la réunion de seize traverses encastrées.

Le piston plongeur de cette pompe est attachée en-dessous d'une large traverse de fonte, suspendue à la tige maîtresse supérieure et supportant deux tiges latérales inférieures. Ces deux tiges reprennent en-dessous une seconde traverse à laquelle est suspendue la suite de la maîtresse tige qui est en bois.

Les détails des deux traverses en fonte, qui se répètent pour la pompe inférieure sur la ligne C D, sont indiqués en plans et coupes, *figures* 2 et 3.

La maîtresse tige en bois avec doubles platines de fer méplat, est elle-même représentée avec des détails suffisants pour sa construction, *figures* 4, 5 et 6. On remarquera qu'au joint de reprise de deux pièces de bois, le platinage est triple et claveté.

La maîtresse tige continue ainsi jusqu'à la troisième et dernière pompe foulante, guidée de distance en distance entre des moises qui peuvent aussi recevoir des supports.

Les trois pompes foulantes constituent elles-mêmes des arrêts qui dispensent de supports plus résistants.

Beaucoup de tiges en fer employées dans les puits de la Ruhr ont dû être modifiées parce qu'elles étaient appliquées de manière à refouler. Il est évident qu'elles ne sont pas aptes à ce service et que le refoulement doit être exercée par l'excédant du poids des tiges qui se trouvent en contre-bas de chaque pompe.

MACHINE D'ÉPUISEMENT DU GRAND HORNU.

Planches XXI et XXII.

Les constructeurs belges ont eu occasion de monter de nombreuses machines d'exhaure d'une grande puissance, et ces construction ont été l'occasion d'études et d'améliorations importantes.

7

La disposition généralement préférée est aujourd'hui la machine à traction directe, et le dernier appareil monté aux mines du grand Hornu résume les perfectionnements introduits dans l'ensemble et dans les détails de cette disposition. La machine a été construite dans les ateliers de Seraing, et les **Planches XXI** et **XXII**, empruntées au portefeuille Cokerill, en représentent les conditions essentielles.

Cette machine a été établie sur un puits de 460 mètres de profondeur. Elle met en mouvement une colonne composée de huit pompes foulantes et de deux pompes élévatoires, de $0^m,50$ de diamètre et de 4 mètres de course, étagées les unes au-dessus des autres, à des distances variables de 30 à 60 mètres.

Cette complication d'organes était peu favorable à l'effet utile de la machine, qui, dans les essais, a pourtant donné un effet utile de 65 pour 100, pour un développement de 318 chevaux de force.

Le coefficient de 65 pour 100 serait bien faible, si l'on ne considérait que les pertes résultant des frottements et résistances passives de la machine elle-même ; mais dans le cas particulier, il faut y ajouter les frottements et résistances passives de dix plongeurs ou pistons, d'une maîtresse tige de plus de 400 mètres, guidée dans toute sa hauteur, enfin d'une colonne d'eau de 462 mètres frottant dans des tuyaux dont le diamètre moyen, dans le cas particulier de l'appareil du grand Hornu, est plus petit que celui des pistons.

Le rapprochement des pompes foulantes a conduit au dédoublement de la maîtresse tige sur presque toute la hauteur du puits. Cette maîtresse tige est donc formée de deux tiges jumelles, réunies de distance en distance et au-dessus de chaque plongeur, par des croisillons en fonte, disposés de manière à bien établir leur solidarité.

Les poids des tiges et leur équilibre sont réglés de telle sorte, que le refoulement de chaque colonne d'eau est obtenu par l'excédant des tiges situées immédiatement en-dessous. Condition à recommander dans tout établissement de maîtresse tige.

La pompe foulante supérieure, située à 60 mètres en contre-bas de l'orifice du puits, est conduite par une double tige jumelle dont l'équarrissage est $0^m,484 \times 0^m,242$, chacune d'elles étant formée par la juxtaposition de deux pièces de $0^m,242$. Ces tiges sont complétement enveloppées d'une armature en fer, posée à chaud et boulonnée, dont l'épaisseur est de $0^m,024$.

Bien que les tiges jumelles, à mesure qu'elles descendent, aient une section et un poids décroissant, il y a toujours à chaque section excès de poids sur celui de la colonne d'eau à refouler, ce qui a permis d'établir la condition précitée, de refouler chaque colonne par le poids de la partie inférieure de la maîtresse tige. Mais l'excès du poids allant toujours croissant et se trouvant d'ailleurs augmenté à la partie supérieure, par le poids du piston moteur, de ses bielles et attelages, il en résulte la nécessité d'équilibrer un total d'environ 200,000 kilogrammes. Cet équilibre a été établi au moyen des deux contre-balanciers en tôle représentés **Planche XXI.**

Pour ces conditions d'exhaure, la machine construite par les ateliers de Seraing est à traction directe, ainsi qu'on le voit par les **Planches XXI** et **XXII**. Le cylindre moteur a $2^m,60$ de diamètre et 4 mètres de course.

Cette machine, établie sur les murs d'un bâtiment rectangulaire ayant dans œuvre, $5^m,30$ de largeur sur une longueur de 12 mètres, présente trois étages distincts :

1° l'étage portant le cylindre moteur :

2° l'étage portant les deux condenseurs avec leurs pompes à air ;

3° l'étage des contre-balanciers destinés à régler l'équilibre de la maîtresse tige.

Le cylindre moteur, de $0^m,05$ d'épaisseur, est formé de deux pièces, de $1^m,60$ de hauteur, assemblées à brides. Ce cylindre est enveloppé.

La tringle du piston, qui doit supporter un effort de 260,000 kilogrammes, a un diamètre de $0^m,25$. Elle porte une tête remarquable comme pièce de forge. C'est un bloc prismatique dont la section transversale est un prisme carré de $0^m,50$ dont la hauteur est de $0^m,75$. Ce prisme est percé d'un trou de $0^m,30$ et porte latéralement deux tourillons de $0^m,45$ de diamètre qui forment une traverse de $0^m,85$. Cette tête de la tringle du piston-moteur, est indiquée en N' M' sur le plan et sur l'élévation.

Le piston moteur est gouverné par les trois soupapes d'usage : soupape d'admission, de $0^m,42$ de diamètre et $0^m,06$ de levée; soupape d'équilibre, de $0^m,51$ de diamètre et $0^m,08$ de levée ; soupape d'exhaustion, de $0^m,60$ de diamètre et $0^m,085$ de levée. A ces trois soupapes est jointe la soupape régulatrice pour régler à la main l'orifice d'admission de la vapeur.

Les quatre soupapes et le jeu de fer qui sert à les manœuvrer, sont indiqués sur les deux **Planches XXI** et **XXII**.

La plaque de fondation du cylindre est boulonnée sur les deux poutres creuses d'un pont métallique jeté en travers du bâtiment; la **Planche XXII** présente la coupe transversale de ces poutres.

A l'étage inférieur, sont placés deux condenseurs avec leurs pompes à air qui reçoivent simultanément la vapeur par un tuyau bifurqué. Les condenseurs ont : $1^m,20$ de diamètre et $2^m,50$ de hauteur ; les pompes à air, $0^m,95$ de diamètre pour une course de $2^m,10$. Chaque appareil est plongé dans une bâche où circule comme d'habitude un courant d'eau continu.

L'usage de deux condenseurs paraît se répandre ; il a été adopté pour plusieurs machines d'épuisement du Borinage. L'avantage de cette subdivision est de faciliter les réparations en rendant les pièces plus maniables et plus faciles à remplacer, notamment les pistons et clapets des pompes à air ; de plus, si une de ces pompes vient à être mise en réparation, les appareils sont disposés de telle sorte qu'on puisse continuer à marcher avec un seul condenseur.

Le troisième étage, qui est en contre-bas du sol, est consacré aux deux contre-balanciers en tôle et fer, attelés de chaque côté de la maîtresse tige.

Ces contre-balanciers, de $11^m,40$ de longueur, ont une hauteur de 3 mètres à l'axe ; ils portent chacun 90,000 kilogrammes de contre-poids formés de plaques en fonte fixées entre les flasques carrées disposés en forme de coffre.

L'autre extrémité ou tête, d'environ 1ᵐ,20 de diamètre, reçoit les bielles d'accouplement avec la maîtresse tige.

Sur chacun de ces balanciers, on a placé deux bielles jumelles, réunies à leur partie supérieure par une traverse et donnant le mouvement aux pompes à air.

La maîtresse tige est composée dans la partie supérieure du puits, par la réunion de quatre pièces, de 0ᵐ,242 d'équarrissage; ces pièces étant dédoublées à partir de la première pompe foulante.

Cette description rapide suffit pour faire apprécier l'ensemble de la machine qui a été construite pour aller chercher les eaux à une profondeur beaucoup plus grande que celle de 460 mètres que le puits d'exhaure avait au moment des essais. Il n'a donc pas été possible de bien apprécier l'effet utile qu'elle peut obtenir, non plus que sa consommation normale en charbon. Cette consommation a été de 2 kilogrammes par heure et par force de cheval.

Quant aux détails de construction indiqués d'une manière générale sur les plans et sur l'élévation, ils sont minutieusement expliqués dans le portefeuille Cokerill.

MACHINES INTÉRIEURES.

Les petits épuisements, c'est-à-dire ceux qui sont environ de 1 mètre cube par minute, à des profondeurs de 100, 150 et même 200 mètres, peuvent se faire par des machines intérieures, attelées directement à des pompes à double effet.

Nous avons donné, dans la première partie de l'atlas, le type des machines établies dans les mines de Blanzy, au puits de La Carrière, à 100 mètres de profondeur, et au puits de Lucy, à 160 mètres.

Ces machines ont continué à être l'objet d'expériences et de comparaisons intéressantes. Déjà, nous avons indiqué le résultat des expériences faites à Lucy, voici ceux qui ont été obtenus au puits de La Carrière :

La vitesse normale de la machine qui est représentée dans le premier atlas, a été de 26 tours par minute ; la pression dans les chaudières placées à la surface étant de $4\frac{1}{2}$ atmosphères, soit $3\frac{1}{2}$ effectives.

La pompe a élevé en 20 heures de travail continu 15,128 hectolitres, soit 1,244 litres par minute, d'une profondeur de 100 mètres.

Si l'on calcule la quantité fournie par les 52 cylindres de la pompe par minute, on trouve pour le débit de 20 heures, 19,044 hectolitres. Le rendement effectif a donc été de 0,794, soit en nombre rond, 80 pour 100 du rendement théorique.

Considérant l'effet utile de la machine motrice, on trouve que, pour obtenir 15,128 hectolitres en 20 heures, les chaudières ont dû vaporiser ensemble 1,728 litres par heure, soit 345 hectolitres en 20 heures. C'est 2$^{\text{lit.}}$,28 d'eau vaporisés pour monter un hectolitre à une hauteur de 100 mètres.

Le travail effectif de la machine a été en chevaux-vapeur de 27^{ch},6 pour une consommation de 1,725 litres d'eau vaporisés par heure. Or, une machine ordinaire, en assez bon état, pour rendre un travail pratique de 1 cheval-vapeur, consomme 55 litres par heure ; donc la vapeur consommée par la machine de La Carrière aurait dû fournir un travail de 31 chevaux. La différence représente la perte de vapeur qui résulte de l'établissement des chaudières à la surface, et de l'obligation de faire parcourir à la vapeur un trajet de 250 mètres dans le puits et les travaux souterrains.

Ces divers essais, suivis avec soin par M. Audemar sur une machine qui marche depuis plus de quatre années, l'ont amené a conclure : que l'emploi des machines souterraines était normal pour les conditions précitées, c'est-à-dire lorsque la venue d'eau ne dépasse pas 10 hectolitres par minute, et lorsque la profondeur ne dépasse pas 200 mètres.

Sans doute on n'obtient pas des pompes à double effet le même effet utile que des pompes simplement élévatoires ou foulantes ; sans doute la proportion du combustible brûlé est plus considérable, mais on n'a plus à maintenir en mouvement des tiges et des attirails dont le poids serait pour l'exemple cité, de 15 à 20,000 kilogrammes, et dont les frais d'entretien sont toujours onéreux.

CHAPITRE V.

TRANSPORTS ET MANUTENTIONS

AU JOUR.

L'extension progressive du réseau des chemins de fer, en France et en Belgique, a déterminé de nombreuses occasions de raccordement des chemins de fer de grande communication avec les puits d'extraction.

Ces raccordements se font dans des conditions très-diverses, suivant les exigences des services de magasinage et de chargement. Le sujet est d'ailleurs d'autant plus intéressant, que le charbon une fois sorti des fosses, versé et trié, il importe de réduire le plus possible les frais supplémentaires qui résultent des manutentions du jour.

Ces transports et manutentions sont d'ailleurs dans des conditions les plus diverses, suivant le relief du sol et les distances à parcourir, suivant la nature des charbons et les classifications qu'ils doivent subir.

L'idée la plus simple est d'adopter pour les embranchements la voie de 1^{m},50, de telle sorte que le matériel des grandes lignes puisse venir recevoir son chargement sur le carreau même de la fosse. Ce moyen est rarement applicable, à cause de la nécessité de mettre les charbons à terre.

L'extraction d'un puits doit, en effet, être régulière; chaque journée de travail produit les mêmes quantités. Les demandes sont au contraire très-irrégulières ; elles varient non-seulement au point de vue des quantités, mais aussi pour les qualités. De septembre à décembre, la demande de gailletteries, qui avait été très-faible en été, devient très-active ; au contraire, les menus pour les briquetteries, chaufourneries, etc., s'accumulent et ne se vendent activement qu'au printemps et en été.

Il résulte de ce peu d'accord entre la production et les demandes, que la plupart des charbonnages sont obligés d'avoir des magasins où ils réunissent les charbons provenant de leurs divers centres d'extraction, les manutentionnent et les préparent pour le moment des expéditions.

Du moment que l'on est obligé de mettre à terre presque tous les charbons produits et de les entreposer, l'identité de la voie perd ses avantages, et l'exploitant, forcé de subir un transbordement, peut adopter sans inconvénient la voie qui conviendra le mieux aux circonstances dans lesquelles il se trouve.

Que les transbordements se fassent sur bateaux ou sur wagons, les magasins, *Rivages* ou *Ports secs*, sont presque toujours organisés à proximité du canal ou du chemin de fer sur lequel les expéditions doivent se faire.

La Société de *Courcelles-Nord*, près Charleroi, afin de simplifier ses manutentions, les a toutes concentrées sur son rivage distant de 3 à 4,000 mètres de ses fosses. Les wagons de chaque fosse d'extraction sont reçus, au nombre de 16, sur des trucs, à la voie de $1^m,50$, qui les transportent sur ce rivage.

Ces trucs et leur 16 berlines sont représentés **Planche XXIII**. Nous devons ce dessin, ainsi que les renseignements qui suivent, à l'obligeance de M. L. Reul, directeur à Courcelles-Nord :

Le poids mort transporté au rivage se détaille comme suit :

Poids moyen de chaque truc. . . .	4,300 kil.
Poids moyen des 16 wagonnets. . .	3,200
Total du poids mort. . .	7,500 kil.

Chaque wagonnet contient en moyenne 390 kilogrammes, soit pour les 16, qui constituent le chargement du truc, un poids utile de 6,240 kilogrammes.

Le poids total du truc chargé de 16 wagons pleins, est donc de 13,750 kilogrammes.

Des locomotives font les transports par trains de 10 à 12 trucs.

On arrive ainsi à transporter plus rapidement et à meilleur marché que si l'on roulait les wagonnets eux-mêmes sur une petite voie.

S'il s'agissait non plus de plusieurs kilomètres, mais seulement de quelques centaines de mètres, il serait au contraire plus simple d'établir une petite voie et d'organiser une traction mécanique pour les transports.

Les Anglais appliquent la traction mécanique à des mouvements de peu d'importance, pour lesquels nous

sommes dans l'habitude d'employer l'homme ou les chevaux.

Ainsi, par exemple, des roulages de quelques centaines
de mètres sont exécutés sur les *haldes* des puits, à l'aide de
câbles sans fin, disposés d'une manière analogue à ceux des
tractions souterraines.

A Sainte-Helens (Liverpool), des parcours de 3, 4 et
600 mètres sont effectués au moyen de chaînes à mail-
lons, tendues sur des poulies horizontales qui sont élevées au-dessus des voies, à environ 2 mètres de hauteur.
Ces chaînes, mises en mouvement sur chaque parcours
par des machines de quelques chevaux, traîneraient évidemment sur le sol. On les fait reposer sur les wagons
pleins qui marchent dans un sens, et sur les wagons vides
qui retournent sur la seconde voie ; leur poids suffit pour
pour entraîner les wagons. On peut même gravir ainsi des
pentes assez prononcées.

Pour la bonne marche de ce système, il faut que le service soit très-actif, afin que le nombre des wagons soit tel,
que les chaînes soient toujours bien soutenues et ne traî-
nent pas sur le sol. Sur les pentes, on accroche la chaîne
aux wagons, en faisant entrer un maillon dans une pointe
verticale que porte chaque wagon.

VOIES ET WAGONS DU JOUR.

Lorsqu'on transporte sur une voie de 1^m,50 des wagons
qui ont nécessairement une grande capacité, le vidage de
ces wagons est toujours un grand embarras. Non-seulement

ce vidage est assez coûteux, si l'on ne peut faire usage de wagons coniques se vidant par le fond, mais il détermine des déchets préjudiciables sur les gros et gailletteries.

M. de Bracquemont a résolu le problème d'une manière heureuse, par l'organisation de son matériel de transport à Nœux (Pas-de-Calais). Ce matériel est représenté **Planche XXV.**

Il consiste en trucs portant quatre caisses.

Chaque caisse contenant 1,500 kilogrammes de houille est mobile autour de charnières fixées sur le truc. Il suffit donc, lorsqu'un truc est amené dans la position convenable, de soulever successivement l'arrière de chacune des caisses, de manière à faire glisser la charge. Ainsi, lorsqu'on veut charger un bateau (**Planche XXV,** *figure* 6), une grue mobile amenée derrière le wagon exécute les quatre levées successives. Un tablier, formant un plan plus ou moins incliné, permet de diriger la houille dans le bateau, en modérant ou activant sa vitesse.

La **Planche XXV** explique suffisamment la construction des caisses et leur manœuvre, sans qu'il soit besoin d'aucune explication supplémentaire. Il est facile de voir, d'après la simplicité des manœuvres, qu'il n'est aucun moyen d'effectuer avec plus d'économie le versage et le transbordement de la houille.

Nous aurons occasion de décrire plus loin la grue mobile qui sert à soulever les caisses.

La voie de 1^m,50, pour les chemins de fer extérieurs des mines, entraîne la construction d'un matériel coûteux, lourd et difficile à manœuvrer dans les aiguillages et sur les plaques tournantes qui abondent sur les haldes et sur les gares de déchargement. La plupart des mines ont cherché à simplifier le service et les manœuvres, en adoptant un matériel plus léger et une voie plus petite.

Les voies réduites ont d'ailleurs l'avantage de coûter moins cher en frais de premier établissement, et surtout, de mieux se plier au relief des contrées accidentées dans lesquelles se trouvent très-souvent les houillères.

Enfin, on peut diminuer pour ces voies réduites le rayon des courbes, sans que la traction du matériel éprouve de difficulté sérieuse.

L'exemple le plus frappant de réduction de la voie est celui des chemins de fer du jour, aux mines de Blanzy.

La voie de $0^m,80$ a été adoptée pour le réseau complexe de ces chemins de fer, dont le développement est de 10 kilomètres. On y transporte chaque jour environ 2,000 tonnes, le matériel retournant à vide après avoir déposé son chargement sur les rivages de Montceau-les-Mines.

Ce mouvement s'opère avec des locomotives remorquant des convois de 10 à 50 wagons à bascule, dont le modèle est représenté **Planche XXIV**.

Ce nouveau modèle, auquel on est arrivé après beaucoup d'essais, paraît présenter les meilleures conditions pour l'économie et la rapidité des manœuvres. Il charge 2,000 kilogrammes de houille et pèse 1,300 kilogrammes.

On a été conduit à augmenter successivement la force des pièces du cadre et de la caisse, jusqu'aux dimensions indiquées, ces wagons étant soumis à des chocs très-violents. On remarquera aussi que la caisse a dû être guidée dans son mouvement de bascule, par deux guides en fonte qui empêchent toute déviation latérale.

Ces wagons remplacent aujourd'hui presque tous ceux du premier modèle décrit dans l'atlas précédent ; ils sont d'ailleurs soumis aux mêmes manœuvres, les tas de houille se faisant toujours ainsi qu'il a été expliqué.

Les locomotives appliquées sur les voies de $0^m,80$, font d'ailleurs un très-bon service.

La première de ces locomotives sortait des ateliers d'Abbot en Angleterre ; les autres ont été exécutées dans les ateliers du Creusot, qui ont amélioré notablement les conditions de leur construction.

Les conditions, adoptées par le Creusot, sont les suivantes :

Poids de la machine. .	4,885 kil.	
Eau de la chaudière. .	615	6,235 kil.
Eau du réservoir. . .	650	
Charbon.	85	

Les cylindres moteurs ont $0^m,205$ de diamètre et $0^m,360$ de course. Ils sont placés en dehors de la voie ; leur écartement étant de $1^m,05$ d'axe en axe.

Les quatre roues sont accouplées et leur diamètre est de $0^m,760$.

La chaudière porte 73 tubes de $1^m,80$ de longueur et $0^m,033$ de diamètre intérieur, soit une surface de $13^m,62$ carrés.

La surface de chauffe totale, y compris celle du foyer, est de $15^{m2},10$.

La capacité de la chaudière est de 615 litres pour l'eau et de 265 pour la vapeur. Le timbre est de 8 atmosphères $\frac{1}{2}$

Ces chemins de fer, qui, dans ces conditions de construction modestes et économiques, suffisent à un mouvement de plus de 400,000 tonnes par année, et peuvent encore faire beaucoup plus, ont été l'objet d'une grande attention. Ils ont en effet démontré que les voies réduites pouvaient suffire à des trafics très-importants et ne coûteraient guère que le tiers de ce que coûtent les chemins à la voie de 1^m,50.

L'exploitation est également plus économique, ce qui résulte des chiffres suivants, la dépense mensuelle d'une machine s'établissant comme suit :

1 Machiniste.	150	
1 Chauffeur.	80	230
Main-d'œuvre en remise, nettoyages et réparations.		50
Charbon consommé 4 $\frac{1}{2}$ hectolitres, soit 5 hectolitres à 1 fr. 50, 7 fr. 50 par jour, et pour 25 jours..		187,50
Fournitures en huiles, graisses, chanvre, émeri, etc.		56,15
		523,65

524 francs pour 25 jours de travail, représentent 21 fr. de dépense par jour.

Le parcours ordinaire de ces machines peut être évalué à 15 voyages, aller et retour, de Lucy au Montceau, c'est-à-dire sur 1,734 mètres, ce qui représente 52 kilomètres.

Il faut ajouter au moins 3 kilomètres pour les manœuvres de gare et de rivages, qui sont très-multipliées; soit donc 55 kilomètres.

La vitesse est de 15 à 20 kilomètres à l'heure.

Sur un palier horizontal, les machines remorquent facilement 45 wagons pesant 3,300 kilogrammes (poids mort et poids utile).

Sur la ligne de Lucy, les besoins du service règlent les trains à 20 wagons seulement.

Ce nombre de 20 wagons est précisément celui que remorque facilement la machine en wagons vides, sur les pentes de $0^m,009$ et de $0^m,011$ qui conduisent aux puits Saint-François et Sainte-Marie. Par les temps secs, elle peut même remorquer 30 wagons vides.

Sur la pente de $0^m,004$ qui mène à Cinq-Sous, on remorque facilement 50 wagons vides.

Le rayon des courbes parcourues à grande vitesse est de 75 mètres; le rayon des courbes pour les raccordements et entrées d'aiguillage est de 45 mètres.

Dans ces conditions, le matériel n'éprouve pas d'autre détérioration qu'une usure normale.

GRUES DE CHARGEMENT.

Planches XXVI et XXVII.

Les dernières années ont présenté, au point de vue du chargement des houilles, des variations anormales. Ainsi, tandis que, d'ordinaire les rivages sont à peu près vidés vers la fin de juillet, époque du chômage de la navigation, les rivages de la Belgique, du Nord et du Pas-de-Calais sont restés encombrés en juillet 1862 et 1864, à tel point que, de Charleroi à Mons, Valenciennes et Béthune, on a pu y compter 10 et 12 millions d'hectolitres entassés.

Ces variations sont très-préjudiciables au service des extractions qui, pour se faire aussi économiquement que possible, ont au contraire besoin de suivre une marche régulière. Les houillères ont donc été obligées d'entasser leurs produits, et jamais les moyens de faire ces tas dans de bonnes conditions n'ont été plus étudiés que depuis quelques années.

Pour faire les tas économiquement, le moyen le plus simple est de procéder par versage direct en faisant avancer les wagons sur la houille elle-même, sur laquelle on pose et prolonge les voies de chemins de fer à mesure que les tas avancent.

Mais pour procéder ainsi, il faut que le terrain sur lequel on accumule les charbons se trouve en contre-bas du niveau de l'arrivée des wagons, de toute la hauteur des tas, c'est-à-dire de 3 à 4 mètres pour les tout-venant ou les fines. Le sol ne se prête pas toujours à ces dispositions, surtout pour les houillères du Nord où il est en général peu accidenté ; il faut donc procéder à la mise en tas en élevant les charbons de toute la hauteur que l'on veut donner aux tas.

L'élévation des charbons est également nécessaire lorsqu'on veut reprendre les charbons mis en tas, pour les charger sur wagons ou sur bateaux.

Pour ce travail, il faut employer des grues, et on se

servait encore, il y a quelques années, de grues simples ou doubles, de 5 à 8 mètres de volée, montées sur rails et manœuvrées suivant les besoins. Le modèle des grues de chargement de Denain et d'Anzin a été déjà publié dans plusieurs ouvrages.

La substitution de la vapeur à l'effort des hommes était le progrès naturellement indiqué dans cette circonstance. Cette substitution présente ce double avantage d'une notable économie et d'une plus grande rapidité de chargement. Quant à la consommation en combustible, elle est très-peu de chose sur les rivages où l'on peut brûler les déchets et la chauffe écartés par le triage.

Le modèle de grue à vapeur adopté par la Compagnie d'Anzin est représenté **Planche XXVI**.

Cette grue a été construite par M. Quillacq, d'Anzin. Elle est simple ; sa volée est de $5^m,20$; sa hauteur, au-dessus de la plate-forme, est de 7 mètres, soit 8 mètres au-dessus des rails.

Son poids total est de 10,500 kilogrammes et le poids soulevé est de 3,000 kilogrammes.

La **Planche XXVI** explique tous les détails de la construction.

Cette grue roulante à vapeur peut faire 24 manœuvres par heure avec trois hommes, dont un machineur et deux accrocheurs. M. Cabany précise, dans les termes suivants, son effet utile, comparativement à celui des grues roulantes ordinaires, manœuvrées par cinq hommes.

Pour la grue ordinaire, le travail maximum obtenu en 13 heures et demie, pendant les plus longs jours de l'été, par cinq hommes travaillant à prix fait et gagnant 20 fr. 52 c., est de 180 tonnes de houille, chargées dans les grands wagons du Nord.

Le prix de revient est de fr. 0,1140 par tonne chargée.

Avec la grue à vapeur, on charge 50 tonnes par heure, soit 300 tonnes en dix heures de travail de trois ouvriers, coûtant environ 9 francs. On consomme pour ce travail 5 hectolitres de houille représentant au plus 3 fr. 75 c.; c'est donc une dépense totale de 12 fr. 75 c., soit par tonne chargée fr. 0,0425. L'économie résultant de la grue à vapeur est donc de fr. 0,0715 par tonne chargée.

Les grues à une seule volée ont un inconvénient pour les manœuvres des charbons, soit au déchargement et à la mise en tas, soit à l'enlèvement du tas pour le chargement en wagons ou en bateaux; il y a du temps perdu, parce que lorsqu'on a vidé une caisse, il faut du temps pour que la grue retourne déposer cette caisse vide pour en prendre une autre pleine. Cet inconvénient disparaît si la grue est à double volée. Pendant qu'un des bras élève et vide une caisse, l'autre bras peut être employé à saisir une autre caisse pleine.

Les grues à bras et à double volée de la Compagnie d'Anzin satisfont à cette condition de vitesse; mais les avantages que présente l'application de la vapeur aux grues simples existent aussi pour les grues doubles, et la transformation se prépare conformément à la disposition indiquée **Planche XXVII**.

La hauteur de cette grue est de 9 mètres et la volée de 8 mètres; on peut l'employer à décharger les trucs à caisses, soit pour en faire des tas le long du rivage, soit pour charger directement les bateaux. La **Planche XXVII** explique suffisamment la construction de cette grue, pour laquelle les voies des chemins de fer doivent être disposées suivant toutes les exigences des manœuvres.

APPAREILS DE CHARGEMENT EN ANGLETERRE.

Planche XXVIII.

Les chargements de houille se font en Angleterre, pour les bassin du pays de Galles et de Newcastle, sur une échelle très-grande. On a donc pu faire pour ces chargements des frais de premier établissement que ne comportent guère nos chargements, qui se font sur une échelle bien moindre. Cependant, les moyens employés en Angleterre peuvent trouver quelquefois des applications ; nous signalerons quelques-uns de ces moyens d'après les observations récentes de MM. L. Chagot et Audemar.

Nous examinerons d'abord les chargements qui exigent l'exhaussement des wagons.

Tel est le cas qui se présente pour le chargement des charbons sur les quais de Cardiff, dans le pays de Galles. Les charbons arrivent dans des wagons portant 5 à 7 tonnes, le plus souvent au niveau même du quai ; il faut, dès lors, *élever* les wagons et les *verser* dans les panneaux des navires.

Pour cette double manœuvre, on emploie les pressions hydrauliques d'un usage si général et si commode pour les manœuvres dans les docks. Voici la disposition d'un de ces appareils.

A une certaine distance du quai est une petite usine de compression, composée d'une machine à deux cylindres, donnant le mouvement à six pompes, le tout horizontal et disposé comme il est représenté en plan et en élévation par les croquis *figure* 4, **Planche XXVIII.**

L'eau comprimée se rend sous un réservoir de pression, chargé d'emmagasiner et de distribuer sa force aux appareils de manœuvre. Ce réservoir a une tige de $0^m,46$ et une course de 4 mètres; il est chargé à 52 atmosphères.

Cet appareil de compression suffit à cinq ou six appareils de chargement mis en mouvement par deux pistons hydrauliques. Le premier piston, d'environ 4 mètres de course et $0^m,22$ de diamètre, sert à élever un plateau qui porte le wagon à la hauteur convenable pour être versé; le second, d'environ 2 mètres de course et $0^m,14$ de diamètre, fixé après le plateau soulevé, sert à donner au wagon l'inclinaison convenable pour que le charbon soit versé dans la trémie de chargement.

Les croquis 1, 2 et 3 de la **Planche XXVIII** indiquent les diverses positions du wagon soulevé d'abord au niveau convenable par le premier piston, puis incliné pour le versage par le second.

L'eau comprimée a été fournie pour ces deux manœuvres par le réservoir de pression; les ouvriers ont donc soin de ne faire fonctionner les appareils de chargement que successivement, de sorte que le réservoir de pression ait le temps d'être relevé par l'action des pompes.

Ces appareils se manient très-facilement à l'aide de soupapes et de robinets d'admission et d'émission. En 4 ou 5
minutes, un wagon, chargé de 6,000 kilogrammes, est reçu
sur le cadre mobile, soulevé et versé.

Dans une partie du port de Cardiff, les wagons à charbon sont des trucs, portant deux ou trois caisses dont les
dimensions sont : longueur 1^m,90 , largeur 1^m,40 , hauteur
1^m,05, et qui contiennent par conséquent environ 2,500 kilogrammes de charbon. Ces caisses ont des fonds mobiles
à charnières.

Les appareils de chargement sont des espèces de grues
sans pivot, dont les bras, qui ont 12 mètres de portée, sont
soutenues horizontalement par des haubans, à 9 mètres de
hauteur au-dessus du quai : **Planche XXVIII**, *figure* 8.

Le bras de la grue est formé de deux madriers portant
la voie d'un chemin de fer sur lequel se meut un chariot
muni d'une poulie (*figure* 7). Une machine de 4 chevaux,
placée en arrière, met en mouvement deux tambours sur
lesquels s'enroulent des chaînes. L'une passe sur la poulie
du chariot et soulève la charge, c'est-à-dire une des caisses
placées sur le truc ; l'autre conduit le chariot en avant pour
le présenter au panneau de chargement, et pour le ramener
en arrière lorsqu'il est vide.

Un appareil organisé dans ces conditions peut charger
40 tonnes par heure, c'est-à-dire faire environ 15 manœuvres complètes.

Les mêmes résultats sont obtenus par la disposition du
drop représenté *figure* 9, pour le cas où il faut au con-

traire abaisser les wagons, le niveau de chargement étant inférieur à celui de leur arrivée.

Les drops sont quelquefois remplacés par des *grues hydrauliques*, notamment pour les chargements des navires à Liverpool, *figure* 5.

Les wagons arrivent sur une terrasse dont le niveau est supérieur de 8 mètres à celui du quai. Des grues hydrauliques, dont la portée est de 11 mètres, permettent de saisir les wagons et d'aller les verser dans les navires, malgré l'interposition d'un quai de 3 mètres de largeur. Ces grues sont à pivot et tous leurs mouvements sont hydrauliques.

Des réservoirs de pression envoient les eaux sur les pistons logés dans l'intérieur du pivot et permettent d'enlever les wagons amenés sur des plateaux, ainsi que l'indiquent les *figures* 5 et 6 de la **Planche XXVIII.**

Le mouvement de virage est obtenu au moyen de deux cylindres horizontaux représenté *figure* 6. Cette figure explique aussi la disposition générale de la grue et des voies avec plaques tournantes pour la manœuvre des wagons.

Une manœuvre dure 6 à 7 minutes pour la mise à à bord d'un wagon contenant 8 tonnes ; on peut donc embarquer avec une grue 600 tonnes en dix heures.

Ces grues hydrauliques placées sur le quai de Collingwood, près des docks de Nelson, sont espacées de 40 mètres.

D'autres grues, plus faibles, sont disposées pour l'enlèvement et le déchargement des caisses à fond mobile, placées par trois sur des trucs; elles peuvent charger 400 tonnes en dix heures.

On sait que sur les côtes de la Tyne, à Newcastle, et sur les côtes du Sunderland, les wagons arrivent à des niveaux beaucoup plus élevés que les ponts des navires en chargement. Il faut donc abaisser les wagons pour le déchargement; de là l'adoption générale des wagons coniques se vidant par le fond.

Pour abaisser les wagons au niveau convenable, on se sert de *drops* dont les dispositions diverses sont dessinées dans tous les ouvrages spéciaux. Ces drops portent des plateaux à contre-poids variables et calculés de telle sorte que la surcharge du wagon plein en détermine la descente; lorsqu'ensuite le wagon est vidé, le plateau est ramené à son premier niveau par l'action des contre-poids.

Les drops portent en général des *spouts*, longues trémies de chargement, qui se terminent à la partie inférieure par divers systèmes à soupapes destinées à régler le glissement du charbon. Lorsqu'on charge des menus, au lieu de descendre les wagons par les drops, on les vides simplement dans les spouts que l'on maintient ainsi toujours pleins et dans lesquels on règle le glissement de manière à ménager à la fois le charbon et les parois des soutes qui le reçoivent.

A Sunderland, on a beaucoup varié la disposition des drops et l'on paraît considérer comme la plus perfectionnée celle qui est représentée en plan et élévation par les croquis *figures* 10, 11 et 12, **Planche XXVIII.**

Deux grandes flasques en tôle, recourbées à leur partie supérieure, soutiennent une cage qui reçoit le wagon. Ces flasques sont portées par des axes qui traversent leur milieu ; à leur partie inférieure, est une caisse à contre-poids qui équilibre le wagon dans les conditions voulues. Un frein permet de modérer les mouvements du drop, dont la manœuvre se fait comme d'habitude.

Ainsi, le wagon plein arrivé sur le plateau est doucement descendu au-dessus du panneau des soutes. Il est vidé par le fond et le contre-poids ramène le wagon vide au niveau du quai.

Dans l'exemple indiqué, les flasques ont 6 mètres de longueur.

Ces drops se manœuvrent plus rapidement que ceux de l'ancien modèle. Un wagon conique portant 2,650 kilogrammes de houille, est reçu, descendu, vidé et remonté en une minute et demie. On peut donc charger facilement 100 tonnes par heure, soit un navire de 1,000 tonneaux dans une journée de dix heures.

CHAPITRE VI.

LAVAGE DE LA HOUILLE

FABRICATION DES AGGLOMÉRÉS

L'exploitant d'une houillère se borne généralement à faire enlever des charbons extraits, les fragments de rochers apparents; les diverses qualités, *tout-venant*, *gros*, *gailletteries* et *fines*, sont ensuite livrées au commerce après ce simple *triage*.

Les exigences de la consommation, les difficultés que l'on rencontre pour le placement des menus et l'impossibilité de les trier, ont souvent obligé à chercher des méthodes plus complètes pour la purification de la houille, et même à transformer les menus en coke ou en agglomérés.

Le triage de la houille n'est pas, en effet, si simple qu'il semble au premier abord.

Lorsque la houille est isolée en gros morceaux, lors même qu'elle est en gailletteries passées sur une grille dont les barreaux sont écartés de $0^m,03$ à $0^m,05$, il est assez facile de voir et de séparer les fragments de grès ou de schistes qui s'y trouvent mêlés; mais dans les fines et dans les tout-venant, qui forment la masse principale des charbons livrés au commerce, le triage est très-imparfait. On ne peut, en effet, discerner les fragments de rochers même assez gros, parce qu'ils sont enveloppés de houille menue et pulvérulente, et quant aux fragments de très-petite dimension, le triage à la main en est évidemment impossible.

Deux procédés sont employés pour obtenir une purification plus complète, lorsque cette purification est jugée nécessaire malgré le prix dont elle surcharge la houille.

Pour les *tout-venant*, c'est le *criblage* des charbons qui facilite le triage et, ensuite, la *recomposition* du tout-venant avec les proportions jugées convenables de gros, gailleteries et fines.

Pour les *fines*, c'est le *lavage*.

Pour bien se rendre compte des méthodes qu'il convient d'appliquer, il faut d'abord examiner avec soin la composition du charbon sur lequel on opère. La plupart des charbons sont plus ou moins *platteux,* c'est-à-dire stratifiés en *lits* ou *sillons*, parallèlement au toit et au mur de la couche. Suivant cette stratification se trouvent des *barres* ou *nerfs* de grès, schiste ou gore, qui fournissent la plupart des morceaux de roches que le triage doit écarter. Mais outre ces nerfs très-visibles, se trouvent de petites *lamelles* ou *escailles* de schistes, de petits fragments lenticulaires de roches qui passent dans les menus avec tous les éclats que fournissent les barres ou les roches du toit et du mur, de manière à s'y trouver disséminés en mélange intime. Le triage est d'autant plus impossible que la plupart de ces roches sont d'un gris foncé ou même noires comme le charbon, dont elles ne se distinguent que par leur teinte plus terne et par leur plus grande densité.

Les barres et les nerfs se voient facilement sur les gros morceaux ; pour s'en débarrasser, on fend les morceaux suivant les délits de la stratification, de manière à isoler les parties rocheuses. Dans les gailleteries, ces parties rocheuses se trouvent généralement isolées de telle sorte que l'écart est encore plus facile.

Restent donc les fines, dont le triage ne peut se faire que par les opérations du lavage basées sur les différences de densité de la houille pure qui pèse de 1,20 à 1,40 avec celle des roches qui pèsent de 2 à 2,50.

Les opérations du lavage de la houille sont promptement gênées par le charbon pulvérulent qui se tient en suspension dans l'eau, en augmente la densité et la rend plus ou moins pâteuse. Aussi, ne doit-on laver les menus de houille qu'après en avoir séparé le pulvérulent par un tamisage. Ce tamisage, exécuté sur des toiles métalliques ou sur des tôles perforées de trous circulaires de 4 à 5 millimètres de diamètre, écarte de 15 à 25 pour cent de pulvérulent et laisse un menu grenu bien plus facile à laver.

Le lavage de la houille remonte à l'année 1837, époque à laquelle M. Ractmadoux l'établit aux mines de Bert. Il fit usage de caisses à courant d'air continu qui furent ensuite importées dans les bassins de Saône-et-Loire et de la Loire. Ces caisses exigeaient une grande dépense d'eau ; elles furent remplacées par les cribles à pistons, depuis longtemps appliqués au lavage des minerais ; seulement, ces cribles furent construits sur des dimensions beaucoup plus grandes, vu les masses considérables qu'il faut y faire passer.

Les lavoirs à bras, encore employés sur quelques puits, sont généralement composés de caisses carrées ayant $1^m,25$ de côté, dans lesquelles le mouvement de l'eau est déterminé par des pistons latéraux de $1^m,25$ sur $0^m,60$.

La manœuvre de ces pistons étant très-fatigante pour l'ouvrier, le premier pas vers les lavoirs mécaniques a été d'imprimer le mouvement aux pistons, au moyen d'un arbre à manivelles ou à excentriques, mu par une machine à vapeur.

En 1848, M. Bérard, après de nombreux essais pratiqués sur les cribles ou *bacs à pistons*, prit un brevet pour l'appareil mécanique qui porte son nom, et qui n'est autre qu'un bac à piston disposé de manière à rendre l'opération *continue* et par conséquent plus rapide. Cet appareil a rendu de grands services aux industries houillères et métallurgiques, d'abord en les dotant d'un moyen de lavage puissant et pratique ; en second lieu, en attirant l'attention sur le lavage des menus, et donnant naissance à d'autres appareils, tels que ceux de MM. Meynier, Ractmadoux, Évrard, Revollier, etc....

L'appareil Bérard est surtout remarquable par l'étude de tous les détails et par les proportions et dimensions auxquelles a conduit une longue pratique du lavage. Sans doute, il a pour point de départ le crible à piston qui était appliqué aux minerais, mais l'ensemble des dispositions qui l'ont rendu applicable à la houille lui donnait un caractère nouveau.

L'appareil Bérard traite de la manière suivante environ 60 tonnes de charbons par 10 heures de travail.

Les charbons élevés par une noria sont versés sur un tamis à secousses qui conduit le plus fin dans le lavoir et le plus gros sur les cylindres broyeurs. Les charbons ainsi criblés, et successivement amenés sur la grille du lavoir, sont ensuite soumis à son action et déversés dans un compartiment latéral où ils sont pris par une petite noria, dite *releveur*, qui les amène dans la trémie de chargement. Quant aux schistes qui s'accumulent par l'action du lavoir sur la grille qui en forme le fond, ils sont incessamment déversés au moyen d'un syphon qui les conduit dans une poche latérale, d'où ils sont extraits d'une manière intermittente par l'ouverture d'une porte ou clapet qui leur donne issue.

Le crible ou bac à piston appliqué aux minerais fut également le point de départ de **M. Meynier**, lorsqu'il a établi à Brassac son appareil à laver les menus.

Cependant, cet appareil présente une différence essentielle. L'eau dans un crible à piston de construction ordinaire, est poussée à travers la grille qui supporte les matières à laver, de manière à dépasser leur niveau, puis rappelée en-dessous par l'oscillation inverse du piston. Il en résulte pour les matières soulevées par le mouvement ascensionnel de l'eau, un mouvement de *rabat* qui, d'après M. Meynier, nuit au classement régulier des matières par ordre de densité.

Dans son appareil, l'eau, refoulée par une pompe de

grand diamètre, est déversée entièrement hors du bac et entraîne sur un plan incliné les matières les plus légères, c'est-à-dire la houille séparée des schistes qui restent sur la grille.

C'est un courant d'eau intermittent qui entraîne au dehors de la caisse la houille lavée, tandis que les schistes restent sur la grille. Cette grille est fortement inclinée, de telle sorte que les schistes descendent et s'accumulent dans un espace angulaire où une simple soupape permet de leur donner issue.

Certaines houilles présentent des difficultés spéciales qui rendent le lavage imparfait avec les appareils ordinaires. Ces difficultés résultent principalement de la pyrite et surtout de la présence de charbons intimement mélangés de schistes. Ces charbons, dits *charbons crus,* sont ternes; ils forment, dans les morceaux, de petites zones qui se reconnaissent à leur teinte mate et contrastent avec l'éclat de la houille pure. Ils diffèrent peu de pesanteur avec le charbon pur et sont, par conséquent, très-difficiles à séparer.

M. Le Bleu est parvenu à isoler les pyrites qui sont en très-petites parcelles, en faisant passer les charbons déversés par le lavoir sur des tables à contre-pentes. Les pyrites entraînées avec le pulvérulent se déposent dans les anfractuosités de ces tables.

Une grande difficulté signalée par M. Le Bleu résulte encore de la présence du charbon pulvérulent. Ce charbon doit être séparé du grenu ou *greusin* par un tamisage préalable sur des tôles perforées à trous de $0^m,008$ de diamètre; on obtient alors un lavage bien plus rapide et plus efficace.

Quant au charbon pulvérulent isolé par ce tamisage, on peut en général l'employer tel qu'il est; s'il est trop impur, on le lavera bien plus facilement seul, que mélangé avec les gros grains, et pour ce lavage, les tables se substitueront naturellement au bac à piston.

LAVOIRS D'ANZIN.

Planches XXXI et XXXII.

M. Coppée a construit en Belgique des lavoirs qui ne sont autre chose que l'appareil Meynier, auquel il ajoute de grands bassins en maçonnerie destinés à recevoir le charbon déversé par les lavoirs.

Cette disposition a été adoptée par la Compagnie d'Anzin, qui l'a perfectionnée, en employant une double caisse, de telle sorte que le charbon lavé rapidement dans une première caisse, est repris et complétement épuré dans la seconde.

La **Planche XXXI** représente la disposition générale de ce lavoir.

La **Planche XXXII** donne les détails de construction de la pompe, qui en est la pièce essentielle.

Cette pompe à plongeur, de $0^m,65$ de diamètre et $0^m,40$ de course, projette un courant d'eau intermittent à travers les grilles de deux bacs, la surface de chacune de ces grilles étant de quatre mètres carrés et demi.

9

Ce courant d'eau intermittent lave les charbons jetés sur la première grille, les entraine ensuite sur la seconde grille, ou ils subissent un second lavage, puis dans un bassin de 20 mètres de longueur, 2ᵐ,30 de largeur et 2ᵐ,15 à 2ᵐ,30 de profondeur, contenant environ 100 mètres cubes, c'est-à-dire la capacité que doit remplir le travail du lavoir en une journée.

Le fond du bassin présente une pente très-prononcée, de telle sorte qu'on puisse vider et faire égoutter les eaux lorsqu'il est rempli de charbon lavé.

Trois de ces bassins sont accolés, chacun d'eux étant mis, à volonté, en communication avec le lavoir, de telle sorte qu'il y a toujours un bassin en fonction, un en déchargement, et un troisième vidé prêt à remplacer celui qui est en fonction.

Les eaux qui sortent incessamment du bassin en fonction, sont dirigées vers un quatrième bassin d'épuration ; elles y déposent les boues dont elles sont chargées, avant d'être reprises par la pompe du lavoir.

Les **Planches XXXI** et **XXXII** indiquent la disposition de cet appareil qui lave en moyenne, 1,000 hectolitres de charbon par jour.

Les bassins de réception ont l'avantage de donner à la marche du lavoir une certaine régularité, chaque journée devant produire son bassin rempli. De plus, en tenant le bassin plein d'eau, les charbons déversés sur le talus d'éboulement qui se forme dans ce bassin, subit encore une sorte de classification. Les parties les plus denses tombent plus vite au fond, et lorsqu'on vide un bassin, la couche du fond peut être mise de côté pour être lavée de nouveau, ou pour être employée aux usages qui exigent moins de pureté.

Les charbons du Nord sont en général plus purs et plus faciles à laver que ceux de nos bassins houillers du Centre. Aussi, pour étudier les détails de construction des bacs de lavage, est-il plus intéressant de prendre des exemples dans les houillères de la Loire ou de Saône-et-Loire.

Ainsi le bac à piston d'Anzin, appliqué aux charbons de la Loire présenterait pour premier inconvénient une surface de grille beaucoup trop grande, à cause de la nature plus pâteuse et plus liante des menus. L'eau se frayant des chemins plus faciles sur quelques points de ces grilles, tend à former des bouillons qui troublent ou empêchent la classification.

BACS A PISTONS EMPLOYÉS DANS LE BASSIN DE LA LOIRE.

Planches XXIX et XXX.

Le bac ou crible à piston, tel qu'on l'emploie pour le lavage des minerais, est l'appareil le plus simple qu'on puisse appliquer au lavage des charbons; seulement les dimensions doivent être plus grandes, parce que l'on doit faire passer sur la grille de ces bacs, des quantités de houille considérables et qu'elles y doivent séjourner peu de temps. Le bac à piston, à grille carrée, de $1^m,20$ de côté, avec un piston dont la surface est moitié de celle de la caisse, et un balancier pour faire mouvoir le piston à bras, avait des dimensions reconnues convenables par une longue pratique. Cet appareil est encore considéré par quelques ingénieurs comme le meilleur qui puisse être appliqué aux charbons difficiles à laver.

Le mouvement à bras permet en effet des variations qu'on ne peut pas toujours obtenir des moteurs mécaniques. Ainsi, il faut d'abord frapper la couche de charbon par un coup d'eau vif, puis achever la course en ralentissant le mouvement. On dégage ainsi les charbons des schistes, en soulevant vivement la charge déposée sur la grille, puis on achève leur séparation en permettant aux schistes de retomber, alors que les fragments de charbon sont encore maintenus en suspension.

Dans les bassins houillers du centre de la France, où on a plus de charbons à laver que partout ailleurs et où il existe des qualités très-difficiles à laver, on a cherché à perfectionner les lavoirs en donnant à leur mouvement les conditions considérées comme les plus favorables.

La **Planche XXIX** représente un appareil de ce genre, construit par M. Revollier.

La houille à laver est jetée sur la grille B disposée et fixée dans le bac C qui reçoit et emmagasine les moures, lorsqu'on ne veut pas les mélanger. La vanne D réglée et manœuvrée à la main par la manivelle d permet au contraire l'évacuation des moures, quand on les mélange avec le charbon lavé contenu dans le récipient ou bac E.

Dans ce bac E, fonctionne une chaîne à godets F qui enlève au fur et à mesure le charbon lavé qui sort de dessus la grille B, par l'orifice rectangulaire N.

Le corps de pompe rectangulaire G reçoit un piston de bois I, mu par deux cames à développante, fixées sur l'axe moteur i, qui est commandé par les poulies fixe et folle PP'. Le piston une fois enlevé par les cames et après l'aspiration de l'eau par le clapet H, qui communique avec la bâche de retour d'eau K, retombe brusquement par l'effet du ressort à boudin J. Ce mouvement a pour but de déterminer le soulèvement et la mise en suspension de la houille sur la grille B.

Le clapet de refoulement H', communique avec le bac C.

L'eau qui a servi au lavage du charbon, s'écoule par un trop plein X, qui communique avec une bâche supplémenmentaire K, rapportée sur le côté de l'appareil ; c'est cette bâche qui forme le retour d'eau direct du bac de la chaîne à godets F, vers le clapet d'aspiration du corps de pompe G.

Les schistes qui s'isolent sur la grille, passent par une ouverture latérale A, se rendent dans le récepteur M et de là, dans les augets de la roue L, animée d'un mouvement intermittent de rotation.

Ce mouvement intermittent est communiqué par une roue à rochets O, calée sur l'axe de la roue L, et par un cliquet monté sur un levier fou, commandé par une bielle R, attachée à la manivelle S de l'axe F'.

On voit que le constructeur s'est appliqué à perfectionner le lavoir ordinaire dans tous ses détails.

Le piston très-volumineux n'exige pas de joints précis ; l'eau est aspirée et refoulée par des clapets qui ont toute la largeur de l'appareil. Le mouvement du piston est différentiel, il refoule la charge déposée sur la grille par un choc brusque, puis la laisse retomber par une action progressivement ralentie, de manière à faciliter la classification des schistes et des charbons.

Les charbons et les moures sont enlevés mécaniquement et d'une manière continue ; il en est de même des schistes.

Enfin, le mouvement de circulation de l'eau a été obtenu, de manière à en consommer le moins possible.

Mais aujourd'hui, ces conditions ne suffisent même plus, il a fallu satisfaire à une condition nouvelle : séparer les produits du lavage en deux qualités ; la première la plus pure, contenant le minimum de cendres, 3 à 4 pour 100 par exemple ; la deuxième moins pure, mais encore convenable, c'est-à-dire contenant 7 à 8 pour 100 de cendres.

Tel est l'objet du second appareil construit par **M. Revollier**, et représenté **Planche XXX**.

La différence essentielle que présente cet appareil, comparé au précédent, c'est que les charbons lavés sont relevés par deux mécanismes distincts.

On peut suivre sur la coupe et sur l'élévation qui l'accompagne la série des mouvements et opérations de ce lavoir, qui n'est d'ailleurs qu'un perfectionnement du précédent.

Une fosse à charbon reçoit les menus à laver qui sont transportés au sommet de l'appareil par une longue chaîne à godets. Ces menus sont versés par une trémie placée en tête de la grille horizontale du lavoir, du côté du piston.

Le mouvement oscillatoire de l'eau classe les charbons, de telle sorte que les pierres tombent dans un couloir étroit et très-incliné, qui les conduit dans une caisse latérale. A la partie inférieure de cette caisse, une vis horizontale rassemble et pousse ces pierres dans les godets d'une chaîne qui les rejette dans le wagon de gauche, disposé pour les recevoir.

Les charbons lavés sont relevés et mis en wagon par deux mécanismes spéciaux. Le premier est une chaîne sans fin portant des rateaux qui enlèvent successivement les charbons supérieurs de première qualité, en *écrêmant* d'une manière continue le bac à charbon. La partie moyenne formant la deuxième qualité, se déverse dans un conduit semi-cylindrique, ou une vis horizontale la rassemble et la pousse dans les godets d'une noria qui l'enlève.

Deux wagons sont disposés de manière à recevoir les deux qualités de charbon lavé, dont la séparation est ainsi effectuée.

Cet appareil peut laver environ 60 tonnes par journée de travail.

M. Évrard, ingénieur des houillères de La Chazotte (Loire), s'est proposé de remplacer par un seul appareil une série de petits lavoirs qui lavaient par jour 3 à 4,000 hectolitres de menus. Il lui fallait pour cela une surface de grille considérable et nous avons dit précédemment que les grilles de grande dimension présentaient des inconvénients notables, surtout pour les charbons moureux du bassin de la Loire.

Mais une modification de la forme rectangulaire de ces

grilles pouvait obvier à ces inconvénients et **M. Évrard** donne à la grille la forme d'une zone *annulaire* de 2 mètres de largeur et 10 mètres de diamètre extérieur.

Cette grille annulaire est placée dans un bassin de même forme, construit en maçonnerie, rempli d'eau et communiquant avec un bassin central, dans lequel oscille un piston de plus de 5 mètres de diamètre.

Le plan de la grille annulaire n'est pas horizontal, il est oblique au plan d'eau qu'il affleure d'un côté, tandis qu'à l'extrémité opposée il plonge d'environ $0^m,30$. Enfin, cette grille, montée sur un châssis qui porte un engrenage, est mobile et fait un tour complet en 5 minutes.

Que l'on suppose actuellement une épaisseur d'environ $0^m,15$ de charbon menu, constamment entretenue sur cette grille annulaire, au moyen d'une trémie placée vers le sommet qui affleure au niveau de l'eau.

Le charbon répandu sur cette grille annulaire s'enfonce dans l'eau et subit un lavage complet pendant sa rotation qui dure 5 minutes et revient vers le point de départ, classé par zones superposées suivant l'ordre de densité.

Alors une première râclette enlève par écrémage 4 à 3 centimètres d'épaisseur; c'est la première qualité. Plus loin, une seconde râclette enlève la deuxième qualité; puis enfin une troisième enlève les pierres, après plusieurs tours de l'appareil.

Ce lavoir peut ainsi produire 50 hectolitres par tour, soit 600 hectolitres de charbon lavé par heure. Il est donc spécialement applicable aux charbonnages qui doivent opérer sur des quantités considérables.

LAVOIRS DE BLANZY.

Planches XXXIII, XXXIV et XXXV.

M. Ractmadoux a introduit plusieurs perfectionnements dans la construction des bacs à pistons. Le principal est une injection d'eau intermittente, obtenue au moyen d'une soupape qui s'ouvre au moment où le piston du bac commence à se lever, de manière à empêcher tout rappel d'eau à travers la grille du lavoir. Cette soupape se referme lorsque le piston arrive à l'extrémité de sa course ascendante; l'eau cesse de pénétrer dans la caisse du lavoir, et toute la quantité qui est entrée pendant l'ascension du piston est expulsée par le mouvement descendant de ce piston, en entraînant une certaine quantité de charbon lavé.

Un autre principe appliqué par **M.** Ractmadoux est la construction de tout le mécanisme en bois, avec ferrures, de telle sorte qu'on puisse faire avec facilité, non-seulement toutes les réparations, mais toutes les modifications et additions indiquées par les tàtonnements du lavage.

Ces principes ont été adoptés par **M.** Audemar dans la construction des lavoirs de Montceau-les-Mines, il a ajouté, en outre, à chacun des bacs à piston, une seconde caisse destinée à diviser le charbon lavé en deux qualités. Cette disposition est détaillée par les trois **Planches XXXIII, XXXIV** et **XXXV.**

Le premier lavage exécuté dans le bac Ractmadoux a

pour but de séparer les pierres ; il reste donc des charbons purs, en fragments brillants et légers, mélangés de charbons *crus*, c'est-à-dire ternes, contenant une certaine quantité de schistes en lamelles ou particules disséminées et inséparables, qui augmentent la proportion des cendres.

Ces charbons crus ou plutôt mélangés de cru, forment la deuxième qualité que la seconde caisse a pour but de séparer, les opérations se succédant dans l'ordre suivant :

L'atelier de lavage de Montceau-les-Mines reçoit les menus qui sont d'abord *classés* par grosseurs, au moyen d'une série de tamis à secousses.

Les menus versés dans une fosse sont, en conséquence, élevés au sommet de l'atelier par une longue chaîne à godets qui les déverse sur une première table à secousses, dont le fond, de $1^m,70$ sur $0^m,80$, est une tôle perforée de trous de $0^m,003$. Ce premier tamis laisse passer le *pulvérulent*.

La seconde table à secousses, de même dimension, et perforée de trous de $0^m,012$, isole la *fine braisette*.

La troisième, perforée de trous de $0^m,020$, laisse passer la *braisette* et met de côté le *grelasson*.

Ces tables-cribles à secousses, sont inclinées de $0^m,11$ par mètre, et subissent par minute, 120 secousses d'une amplitude horizontale de $0^m,10$.

Ils reçoivent et tamisent par minute 20 godets, d'une capacité de $12\frac{1}{2}$ litres, soit 250 litres par minute, soit 1,500 hectolitres pour 10 heures de travail.

La classification fournit en moyenne 18 à 20 pour cent

de grelasson, 30 à 32 pour cent de braisettes, 20 à 25 de pulvérulent.

Chacune de ces trois grosseurs est lavée dans un lavoir spécial.

Les lavoirs, représentés **Planches XXXIII, XXXIV et XXXV**, sont doubles, les produits lavés d'abord par les bacs à pistons étant livrés à d'autres bacs désignés sous le nom d'hydro-classeurs.

Ces doubles lavoirs sont eux-mêmes accouplés de deux à deux.

La **Planche XXXIII**, qui est le plan, indique 1° deux pistons P,P, refoulant l'eau dans deux caisses trapézoïdales T,T, dont les produits lavés sont conduits par des canaux inclinés dans les deux autres caisses C,C, où ils sont de nouveau lavés par l'action des deux pistons hydro-classeurs *p,p*.

Le premier bac à piston T,P, reproduit les dispositions du lavoir Ractmadoux avec quelques additions. Ainsi, outre la caisse du réservoir supérieur, avec deux soupapes, l'une pour le jet intermittent (*soupape du réservoir*), l'autre, pour le nettoyage de l'appareil (*soupape de purge*), on a disposé deux grandes caisses.

La première, indiquée *caisse des schistes,* dans la coupe (**Planche XXXV**), sert à emmagasiner toutes les pierres et schistes pendant le travail, de manière à n'avoir à les vider que deux fois par jour ;

La seconde, indiquée *caisse des schlamms,* remplit le même office pour les boues qui viennent s'y déposer et ne gênent plus l'action du piston P.

Grâce à ces dispositions, les schistes, rejetés de temps en temps dans la caisse S, par l'ouverture de la soupape S (**Planche XXXV**, *figure* 2), peuvent n'être retirés que pendant les heures de repas, de même que les schlämms. Ce vidage se fait par l'ouverture successive des clapets indiqués à la base des deux caisses, l'eau étant restituée par la soupape de purge.

Les caisses de lavage sont de forme trapézoïdale. Elles ont 1^m,32 de longueur, 0^m,97 de largeur à une extrémité et 0^m,70 à l'autre. La partie la plus étroite est à la base de la grille, inclinée de 0^m,27 par mètre.

La grille est composée de fils plus fins et plus serrés à mesure que l'on monte de la base au sommet de l'inclinaison, c'est-à-dire à mesure que l'épaisseur de couche de charbon superposée est moindre. Cette condition est essentielle pour obtenir une force ascensionnelle de l'eau à peu près égale à travers la grille, malgré son inclinaison.

Les charbons amenés sur la partie étroite de la grille sont repoussés vers la partie la plus large, par l'action de l'eau, tandis que les schistes gagnent la partie angulaire de la base.

La dépense d'eau est d'environ 7 litres par coup de piston et par caisse; elle est compensée à chaque oscillation par l'ouverture des soupapes.

Le charbon lavé est entraîné, par les conduites marquées sur le plan, dans les caisses des *hydro-classeurs*. Les grilles de ces caisses sont fortement inclinées, ainsi qu'il est indiqué **Planche XXXV**, *figure* 1.

Sur ces caisses, et à l'aide des cloisons g, qui coupent

les grilles en deux parties, il se fait une classification. Tous les charbons les plus lourds, c'est-à-dire les moins purs, passent en dessous des cloisons *g*, pour se déverser dans les couloirs de *deuxième qualité*. Les charbons les plus légers surnagent et se déversent du côté opposé, dans les couloirs de *première qualité*.

On règle la hauteur relative des deux déversoirs au moyen de vannes mobiles, de manière à obtenir entre les deux qualités la différence que l'on juge la plus convenable.

L'atelier de Montceau-les-Mines comprend 6 doubles caisses de lavage, accouplées comme celles qui sont indiquées par les **Planches XXXIII**, **XXXIV** et **XXXV**. Il lave environ 3,000 hectolitres de charbons menus débités par les cribles et composés comme suit :

1,500 hectolitres pulvérulent et fines braisettes.
  900   —   braisettes.
  600   —   grelassons.

Le déchet moyen est de $4\frac{1}{2}$ pour 100 en schistes, $2\frac{1}{2}$ en schlamms, et 3 en pertes résultant des boues entrainées par les eaux ; total, 10 pour 100.

La quantité d'eau consommée étant de 7 litres par coup de piston, est de 210 litres par minute et par piston pour 30 oscillations, soit 126 mètres cubes en 18 heures ; soit 1,512 mètres cubes par journée de travail, pour les 12 caisses. Cela fait environ 500 litres d'eau consommée par hectolitre de charbon soumis au lavage.

FABRICATION DES AGGLOMÉRÉS.

La production houillère de la France est évaluée pour 1864 à plus de 11 millions de tonnes, celle de l'Angleterre dépasse 86 millions de tonnes. La comparaison des quantités place donc nos industries houillères à un rang bien inférieur à celui des houillères anglaises. La Belgique, avec laquelle nous avons une sorte de communauté et de solidarité industrielle et commerciale, produit comme nous environ 11 millions de tonnes, de telle sorte qu'en réunissant la puissance industrielle des deux contrées, le total n'atteint encore que le quart de la puissance houillère de l'Angleterre.

Si nous comparons les qualités des houilles extraites, notre infériorité est encore frappante. Sans doute nous trouvons des qualités comparables aux qualités anglaises dans les principaux bassins de la France et de la Belgique, mais l'ensemble de nos extractions laisse beaucoup à désirer. Nous comprenons en effet dans nos chiffres tous les charbons menus, tandis qu'en Angleterre les fines, en grande partie laissées dans les mines, brûlées ou abandonnées sur les haldes ne figurent pas dans la production ; elles n'y représentent d'ailleurs qu'une faible proportion, tandis qu'en France et en Belgique cette proportion dépasse moitié.

Il ne faut pas confondre les fines produites par le fait de l'exploitation avec celles qui résultent des manutentions des charbons par suite de leur friabilité. Ces dernières sont beaucoup plus pures et marchandes, tandis que les fines qui résultent du travail de l'abattage sont mélangées de rochers et impures. Ce n'est donc pas sans raison que dans la plupart des exploitations anglaises on les abandonne. Mais en France, comme en Belgique, les houilles plus friables fournissent dès l'abattage 30 ou 40 pour 100 de fines ; on est donc obligé d'extraire tout ce produit, et les fines, isolées par le criblage, sont notablement plus impures et chargées de cendres que les mêmes charbons en gros ou en gailletteries.

Le commerce des houilles menues ou fines, qui ne joue en Angleterre qu'un rôle insignifiant, est donc très-important en France, et l'on a pu s'en convaincre lorsque la marine française, comprenant la nécessité d'assurer l'indépendance de ses approvisionnements en n'admettant que les houilles nationales, a demandé environ 150,000 tonnes de gros charbons à nos principaux établissements.

150,000 tonnes sur une production de 11 millions, ce n'est rien en apparence ; mais sur ces 11 millions, il faut en écarter d'abord au moins 6 millions qui n'ont pas les grosseurs convenables. Restent 4 à 5 millions de gros, grêles et gailletteries, dont on doit écarter au moins la moitié comme contenant une trop grande proportion de cendres, de sorte qu'on n'a pu à choisir qu'environ sur 2 à 3 millions. Si l'on écarte encore de cette quantité les charbons qui, par leur position géographique, ne peuvent concourir à l'approvisionnement des ports, on voit que l'Administration de la marine, lorsqu'elle a décidé que ses approvisionnements seraient faits par les houillères françaises, a dû faire des études sur tous nos centres de production.

Ces études ont encore eu pour but de comparer les houilles françaises aux houilles de Cardiff et de Newcastle, qui, pendant si longtemps, ont été les types préférés pour la navigation maritime. Elles se poursuivent depuis cinq années et elles ont été d'autant plus utiles et satisfaisantes qu'elles ont démontré que nous possédions en quantité suffisante des houilles comparables, sous tous les rapports, aux meilleurs types de Cardiff et de Newcastle.

Un autre fait a été mis en évidence, c'est la supériorité des *briquettes* ou *agglomérés*.

Ainsi, les menus lavés et agglomérés ont donné des résultats supérieurs à ceux des gros charbons. Moins de cendres et de machefer, et par conséquent un peu plus de pouvoir calorifique; une plus grande régularité dans la qualité et de plus grandes facilités pour l'emploi et la conservation ; tels ont été les résultats constatés.

Si l'on se reporte à ce que nous avons dit précédemment, en comparant les conditions des houillères anglaises avec celle de la France et de la Belgique, on comprendra pourquoi l'industrie des agglomérés, à peu près nulle en Angleterre, a pris chez nous de si grands développements. Nos extracteurs, chargés d'une grande proportion de menus, ont d'abord cherché à en augmenter la valeur par des lavages qui les débarrassent de la majeure partie des schistes et des charbons ternes et cendreux, dits charbons *crus*. Ces lavages effectués, ils ont encore intérêt à chercher tous les moyens pour agglomérer les menus et les reconstituer en morceaux ou briquettes, dont l'emploi est bien plus favorable pour les usages de grille.

Telle fut l'origne de la fabrication des agglomérés établie pour la première fois en 1842 par M. Marsais, de Saint-Étienne, médaillé à l'Exposition de 1844. Depuis, cette fabrication s'est répandue dans tous les bassins houillers de la France et de la Belgique.

Théoriquement, il n'est pas étonnant que les agglomérés soient supérieurs aux gros charbons. Les menus constituants peuvent être lavés jusqu'à ce qu'ils ne contiennent plus que 4 ou 5 pour cent de cendres, la substance agglutinante, le brai provenant de la distillation des goudrons de gaz, est elle-même un produit de la houille, combustible flambant et point cendreux. Mais la fabrication présente des écueils dont tous les procédés ne se sont point gardés.

Le brai mélangé doit être sec, c'est-à-dire dur à la température ordinaire et n'entrer en fusion qu'à 120 ou 130 degrés. Il doit par conséquent être dépouillé des huiles qui donnent aux goudrons du gaz leur odeur caractéristique.

La quantité de brai mélangé à la houille ne doit pas dépasser 8 à 9 pour cent, et le mélange doit être aussi intime que possible.

La houille doit être broyée fin, et la compression assez forte pour que la densité atteigne 1,20); de sorte que l'aggloméré, exposé à la chaleur du foyer, ne se défasse pas en grumelots, mais se comporte au contraire comme de véritable gailletterie.

Les agglomérés fabriqués dans ces conditions ont donné

10

les résultats les plus remarquables, et si l'on joint aux avantages du pouvoir calorifique, ceux d'un arrimage facile, d'une conservation sûre et sans déchets, on comprendra que le développement de ces fabrications peut jusqu'à un certain point, compenser l'infériorité des conditions de notre production houillère.

Indépendamment des essais faits dans les ports et par l'usage ordinaire à bord des navires à vapeur, plusieurs circonstances ont mis en évidence la supériorité des agglomérés. La plus récente est l'essai de l'escadre cuirassée sous les ordres de l'amiral Pénaud. Pendant quelques gros temps qui assaillirent l'escadre, il fut, dit-on, constaté que la vapeur ne pouvait être soutenue à la pression convenable que par l'emploi des agglomérés.

Précédemment, il s'était manifesté dans un grand nombre de ports une certaine opposition contre l'emploi des agglomérés, et le port d'Alger, qui en avait reçu 2 ou 3,000 tonnes, les avait relégués dans un magasin, où ils restèrent environ deux années. Au moment de l'expédition du Mexique, on dut épuiser les magasins, et les agglomérés, oubliés pendant deux ans, furent livrés à plusieurs bâtiments qui se félicitèrent de leur emploi et en redemandèrent. Ce simple fait a eu, aux yeux de beaucoup de personnes, plus d'importance que les essais et les raisonnements par lesquels on n'a peut-être pas encore surmonté toutes les préventions.

En résumé, la fabrication des agglomérés est un des moyens qui peuvent permettre au continent de soutenir les concurrences de l'Angleterre.

D'ailleurs, si l'on a trouvé que les agglomérés présentaient des avantages pour les consommations de la marine impériale, ces mêmes avantages doivent probablement exister pour d'autres industries, telles, par exemple, que les industries céramiques et métallurgiques qui les ont déjà appréciés.

PRÉPARATION DES MENUS A AGGLOMÉRER.

L'industrie des agglomérés a été, comme beaucoup d'autres, embarrassée dans son développement par la législation des brevets d'invention. Ces brevets sont nombreux, et plusieurs ont la prétention de s'approprier les principes mêmes de la préparation des menus à agglomérer et de la compression. Il n'est donc pas inutile de dire que dès l'année 1832 M. Marsais prenait un brevet, dans lequel il ne parlait que de l'idée d'utiliser le goudron ou le brai provenant de la distillation du goudron, employé à l'état fondu ou sec pour agglomérer les menus charbons ; se réservant le privilége de cette application, sans désignation d'appareils qu'il spécifierait plus tard. Ce fut seulement en 1842 que ses idées furent mises en pratique et qu'il prit un second brevet. Après avoir fait des expériences soit avec le goudron pur ou distillé en brai gras, soit avec le brai sec qu'il broyait sous un molleton et qu'il mélangeait à froid, M. Marsais donna la préférence pour le mélange et le chauffage, à un four horizontal, demi cylindrique, chauffé à la houille, et dans lequel un arbre à palettes hélicoïdales malaxait et poussait les menus mélangés de brai fondu. Quant au moyen de compression, il adopta la presse hydraulique.

On voit, d'après cet exposé, que les principes sur lesquels repose la fabrication des agglomérés sont depuis longtemps dans le domaine public.

Examinons d'abord la question de la préparation des menus ou de ce qu'on appelle la *pâte à agglomérer*.

Cette préparation de la pâte comprend deux opérations distinctes : le mélange du brai agglutinant avec le menu charbon, préalablement lavé et broyé; en second lieu, le chauffage de ce mélange.

Nous ne parlons ici que des goudrons et des brais, bien qu'on ait cherché à utiliser beaucoup d'autres substances agglutinantes; les colles de farine faites avec des céréales avariées qui se trouvent souvent à bas prix dans les ports; les résines, les argiles, etc. Mais les agglomérés fabriqués avec les diverses colles végétales ou animales n'ont pas assez de consistance et se désagrègent sur les grilles au premier coup de ringard. Les briquettes à l'argile ont les mêmes inconvénients, et de plus celui d'être surchargées de cendres. Enfin celles qui sont fabriquées avec des résines reviennent beaucoup trop cher.

Les charbons agglomérés doivent être liés avec une matière elle-même combustible, insoluble et telle que les briquettes formées par la compression soient inaltérables à l'air, et qu'elles conservent sur les grilles leur forme et leur solidité malgré l'usage des ringards. Jusqu'à présent, il n'y a que le brai des goudrons de gaz qui ait pu réunir toutes ces conditions.

Comme on opère sur de grandes masses et que l'on compte une consommation moyenne, y compris les déchets de 10 pour cent de brai, soit 100 kilogrammes par tonne d'agglomérés, l'approvisionnement de brai devient un des éléments essentiels à considérer pour l'établissement d'une fabrique. Il semble d'abord que le mode d'approvisionnement le plus naturel est d'acheter les goudrons des usines à gaz les plus voisines, et de distiller ces goudrons de manière à obtenir les brais au degré voulu. Mais ce mode adopté d'abord par quelques fabriques est généralement abandonné. La distillation des goudrons, la préparation des huiles légères et des huiles lourdes, ainsi que celle de tous les produits dérivés, est devenue une industrie spéciale ; il est en général plus simple et plus économique d'acheter aux entreprises de distillation les brais dépouillés de leurs huiles, sauf à les amener ensuite au degré convenable à la fabrication des agglomérés.

Les brais peuvent, en effet, être employés à des états très-distincts que l'on distingue sous les dénominations de brais gras et de brais secs.

Les *brais gras* s'obtiennent par la distillation des goudrons dont on retire environ 25 pour cent d'huiles légères et d'huiles lourdes. Ils se ramollissent sensiblement à 50 degrés et sont en fusion à 80. Pour les mélanger aux charbons menus, il suffira donc de chauffer ces charbons à une température supérieure à 80 degrés, puis faire tomber dessus le brai fondu ; le mélange sera complété par un pétrissage.

Les brais gras peuvent être obtenus par la fusion des

brais secs, auxquels on ajoutera environ 10 pour cent d'huiles lourdes. Ces deux produits sont également les résidus de la distillation des goudrons de gaz ; quelquefois il y a économie à les acheter isolément, et à recomposer le brai gras au degré convenable, plutôt que d'acheter directement des brais gras.

Les *brais secs* s'obtiennent par la distillation des goudrons de gaz auxquels on enlève 35 à 40 pour 100 d'huiles. Il reste alors un brai dur, aigre, cassant, d'aspect résineux, qui se ramollit à peine à 80 degrés et qui ne fond qu'à 120.

Ce brai a une force d'agglutination plus prononcée que le brai gras. Il présente en outre deux avantages, au point de vue de la fabrication des briquettes : d'abord il n'a plus l'odeur bitumineuse des goudrons de gaz, et en second lieu il peut être facilement concassé, broyé et réduit à l'état pulvérulent, de manière à être mélangé à froid avec les charbons menus.

Les agglomérés fabriqués avec le brai sec seront donc peu ou point odorants, ils auront plus de solidité et donneront moins de déchets au transport et magasinage ; ils ne se ramolliront pas dans les soutes ; ils se tiendront mieux sur la grille et soutiendront sans se désagréger les coups de ringards ; en un mot, ce sont les seuls qui pourront satisfaire aux conditions du cahier des charges de la marine impériale, dont les clauses principales sont :

« Les agglomérés doivent être durs, sonores, homogènes, peu hygrométriques.

« Leur densité doit être au moins de 1,19.

« La substance agglutinante doit être le brai sec, c'est-à-dire le résidu du goudron dont on a enlevé 40 pour 100 de matières volatiles.

« Soumis pendant 24 heures à une température de 60 degrés dans une étuve, ils ne devront pas éprouver de ramollissement sensible. »

Ces prescriptions fournissent des éléments pour apprécier les diverses méthodes de préparation de la pâte, ces méthodes étant d'autant meilleures qu'elles laisseront dans la briquette le brai plus sec et plus dépourvu d'odeur, en conservant les conditions d'économie de ce brai, c'est-à-dire de mélange aussi parfait que possible, de telle sorte que les petits fragments à agglomérer soient à la fois bien enduits et sous la plus petite épaisseur.

Les conditions de la consistance du brai doivent être l'objet d'une attention toute spéciale. Non-seulement il peut arriver que le brai soit trop gras, mais il peut aussi être trop sec. Dans ce dernier cas, il fond imparfaitement, l'agglomération est défectueuse et l'on arrive à en consommer beaucoup plus qu'en marche naturelle.

Le mélange du brai avec le charbon menu étant obtenu, la dernière opération consiste à malaxer et chauffer ce mélange, de telle sorte que la pâte qui en résulte puisse être fournie aux appareils de compression, dans des conditions uniformes de consistance et de température.

Le malaxeur le plus employé dans ce but, se compose généralement d'un cylindre vertical avec enveloppe de vapeur surchauffée; la préparation de la pâte est complétée dans ce malaxeur, soit par une addition d'eau qui se vaporise par l'élévation de la température, soit au moyen d'une injection directe de vapeur.

La présence de l'eau ou plutôt de la vapeur d'eau dans la pâte à comprimer est une condition essentielle, reconnue telle depuis longtemps par les praticiens et qui s'explique par une théorie très-simple.

Dès l'année 1846, on avait reconnu dans les fabriques d'agglomérés les avantages de la présence de l'eau dans les charbons à agglomérer, et l'on introduisait cette eau directement avant ou pendant le chauffage du mélange. Il importe, en effet, que, dans les charbons agglomérés, il ne reste point d'air qui se comprime sous l'effort des machines et qui, la briquette une fois démoulée, se dilate, la fait gonfler et y détermine des fissures.

Cet avantage de la présence de l'eau ou plutôt de la vapeur d'eau dans le mélange à comprimer, conduisit naturellement à l'emploi direct de la vapeur comme moyen de chauffage.

L'application de la vapeur à ce chauffage des menus charbons à agglomérer est également fort ancienne, non-seulement comme moyen de chauffer les enveloppes, mais comme injection directe, ainsi que le démontre la patente de Samuel Dobrée.

Nous citerons cette patente de 1844, parce que tous les perfectionnements que plus tard, on a cru inventer, s'y trouvent signalés et détaillés de manière à démontrer que, dès cette époque, on avait reconnu, sinon expliqué, toutes les conditions nécessaires de la préparation du mélange à comprimer. En voici la traduction faite avec le plus grand soin par le bibliothécaire des Arts-et-Métiers.

« Ladite invention consiste en un mode nouveau et particulier de *chauffer un mélange* de poussiers de charbons, de fraisil ou autres matières de nature semblable, avec du goudron ou une autre substance bitumineuse. Cet échauffement étant exécuté au moyen de l'appareil suivant :

« Je me procure un vase en fer ou autre métal capable par sa conformation et son mode de construction de supporter la vapeur à *haute pression.*

« Ce vase est environné d'un vase extérieur formant ce qu'on appelle communément une enveloppe à vapeur ; il doit aussi pouvoir supporter la vapeur à haute pression, et tous deux, tant le vase extérieur que le vase intérieur, doivent être munis d'une soupape de sûreté ainsi que d'un trou d'homme au sommet, et d'un autre trou d'homme au fond. Ces trous d'homme doivent avoir des fermetures étanches (hermétiques).

« Je dispose sur le vase extérieur un robinet à vapeur qui permet l'admission dans l'enveloppe de la vapeur à haute pression, fournie par une chaudière convenable, et d'établir une communication entre le vase extérieur et le vase intérieur au moyen d'un robinet pouvant s'ouvrir à volonté de celui-ci dans le premier.

« Le vase extérieur est muni d'un robinet de décharge à une extrémité inférieure pour évacuer la vapeur condensée en eau.

« Je décris de la manière suivante l'opération de l'invention, à savoir :

« Je prends du poussier de charbon, toute espèce de fraisil, ou autre matière de nature semblable, et je mélange ce poussier ou matière avec du goudron ou autres substances bitumineuses dans les proportions suivantes ou dans des proportions telles qu'on le jugera nécessaire, d'après le caractère combustible du poussier de charbon et de fraisil et du goudron, ou autre matière bitumineuse pour former un composé possédant les meilleures qualités combustibles.

« En général, j'ai trouvé que les proportions suivantes de ces ingrédients atteignent le but et sont utiles en pratique.

« Pour le combustible à vapeur, je prends de sept huitièmes à onze douzièmes de poussier de charbons, et je les mélange intimement avec du goudron finement pulvérisé ou toute autre matière bitumineuse dans les proportions de un huitième à un douzième, et j'en fais un mélange *mécanique* aussi parfait que possible.

« Je produis dans la chaudière communiquant avec l'appareil de la vapeur à haute pression d'environ 60 livres par pouce càrré, et ouvrant le robinet de communication entre cette chaudière et le vase extérieur, j'y introduis cette vapeur.

« Le vase extérieur étant ainsi fourni de vapeur à haute pression et le vase intérieur fermé, celui-ci s'échauffe ; on y introduit alors le mélange d'ingrédients ci-dessus décrit, et on ferme le trou d'homme. On facilite l'échauffement en humectant légèrement le mélange.

« J'ouvre alors le robinet de communication entre le vase intérieur et le vase extérieur, et j'admets la vapeur à haute pression du vase extérieur au vase intérieur , et je l'y laisse pénétrer jusqu'à ce qu'une pression d'environ 6 livres par pouce carré se produise dans le vase intérieur.

« Le robinet de communication entre le vase intérieur et le vase extérieur est alors fermé, et l'on permet à la vapeur contenue dans le vase intérieur de s'échapper librement.

« On trouve, alors que les substances composant le mélange se sont échauffées, que le goudron ou les substances bitumineuses se sont fondues ou ramollies, et que la masse entière des ingrédients est tellement amalgamée que le composé peut être formé en petits blocs ou portions par la pression dans des moules de la forme qu'on peut juger convenable de donner à ces blocs ou portions pour les rendre d'une application convenable à la combustion.

« Lesdits blocs ou formes ainsi produits, comme il est dit plus haut, doivent être placés dans une étuve jusqu'à ce que l'humidité qu'ils peuvent encore retenir soit évaporée et qu'ils soient secs. Ils sont alors convenables pour l'usage.

« Je déclare que je réclame, comme ladite invention, le procédé d'échauffer les mélanges de matières ou substances combustibles dans les proportions ci-dessus indiquées, ou toutes autres proportions convenables par la vapeur à haute pression, en général, mais plus particulièrement dans un *vase double* de forme et de construction générale et d'arrangements accessoires, comme il est décrit ci-dessus, et la conduite de ce procédé par l'application de la vapuer à haute pression ; la forme de ces vases étant celle qui paraîtra le plus convenable pour l'exécution du procédé ou la construction pratique de l'appareil.

L'appareil décrit par Samuel Dobrée nous paraît présenter des avantages pour la préparation du mélange, en débarassant toutefois la description de quelques précautions inutiles. Ainsi, il est inutile d'avoir dans les enveloppes une grande pression de vapeur ; mieux vaut prendre de la vapeur peu comprimée ou même celle de l'échappement d'une machine et la surchauffer de manière à obtenir la température convenable.

On a pensé qu'il était également inutile de fermer par un trou d'homme la partie supérieure du cylindre malaxeur, la température convenable pouvant être obtenue par des introductions de vapeur surchauffée faites sur toute la surface cylindrique du malaxeur. Nous croyons, à cet égard, qu'on fera bien de revenir aux idées de Samuel Dobrée, et de faire le mélange sous pression.

Ces modifications, d'ailleurs insignifiantes, résultant de la pratique acquise pour l'emploi de la vapeur, ont conduit à préférer, pour chauffer et malaxer le mélange, l'appareil représenté **Planche XXXVI**.

Ce malaxeur consiste en un cylindre à double enveloppe, pourvu d'un axe vertical portant sur toute sa hauteur des bras malaxeurs dont on peut varier les formes, de manière à pétrir le mélange soumis à leur action.

Le mouvement de l'axe est d'environ 30 tours par minute.

Pour chauffer le mélange malaxé, non-seulement on utilise la chaleur de l'enveloppe, mais on introduit par une série de trous placés dans toute la hauteur du cylindre, des jets de vapeur qui pénètrent et échauffent le mélange de charbon et de brai sec pulvérisé et préalablement fait aussi intime et régulier que possible.

Dans le malaxeur indiqué **Planche XXXVI**, construit par M. Revollier, chaque entretoise qui réunit le cylindre et son enveloppe porte des orifices d'introduction de la vapeur surchauffée. Le mieux est en effet de multiplier ces orifices, de sorte que la pâte soit immédiatement chauffée dès son entrée dans le malaxeur, puis ensuite bien pénétrée de chaleur et de vapeur, le maximum de cette pénétration étant obtenue vers la base du malaxeur.

Supposons que le mélange sorte du malaxeur à une température de 120 degrés, cette température s'abaissera rapidement à la sortie, et pour que le mélange ne soit point jeté dans le moule imbibé de vapeur et à une températures upérieure à 100 degrés, on le fait passer dans un large distributeur de 3 mètres de diamètre, où il est agité par des spatules qui le jettent et le foulent dans les moules.

Cette transition n'est pas absolument nécessaire, et on peut faire descendre directement le mélange par des conduits fortement inclinés qui partiront de la base du malaxeur. Mais il faut alors plus d'attention pour que la pâte ne soit pas trop chauffée. Dans ce cas, elle serait en effet imbibée de vapeur qui ne se condenserait pas sous la pression, mais qui se comprimerait elle-même en dilatant et fissurant la briquette dès qu'elle serait démoulée.

La température de la vapeur surchauffée, la quantité à admettre par le robinet indiqué **Planche XXXVI**, la durée de l'action de l'agitateur dans le distributeur, toutes ces conditions s'obtiennent et se règlent par les tàtonnements de la pratique.

Nous étions restés sous cette impression que le malaxeur à vapeur, construit dans ces conditions, était préférable à tous les appareils de chauffage directs ou par air chaud, décrits dans plusieurs mémoires et appliqués notamment en Belgique, jusqu'à ce que nous ayons eu occasion de voir le four employé par M. Bayle, à la fabrique de Givors.

C'est une chaudière demi-cylindrique, construite en briques, dans laquelle une vis horizontale reçoit le mélange par une extrémité et le pousse vers l'extrémité opposée en lui faisant parcourir toute la surface de la chaudière. Cette chaudière, ouverte par le haut, est chauffée extérieurement et la flamme qui l'enveloppe déborde ses parois pour sortir par la voûte supérieure du four à réverbère, dans lequel elle se trouve placée.

La chaleur de ce four est considérable, beaucoup plus élevée que celle du malaxeur à vapeur; le mélange de charbon et de brai gras qui la traverse en frottant sur les parois, subit un surchauffement qui chasse les huiles et tend à faire passer le brai gras à l'état sec.

Il ne nous a pas paru que les briquettes fabriquées au brai gras et chauffées par cette méthode, eussent plus d'odeur et fussent moins solides que celles qui sont fabriquées directement au brai sec, et nous avons été conduit, par le double examen des produits fabriqués et des fumées qui s'exhalaient de la chaudière, à penser qu'il y avait réellement distillation d'une partie des huiles contenues dans le brai gras mélangé.

Nous en avons conclu qu'on pouvait obtenir des mélanges au brai gras au moyen d'un malaxeur chauffé directement, des produits comparables à ceux qu'on obtient avec le malaxeur à vapeur et un mélange au brai sec. Ce qui semble confirmer cette opinion, c'est qu'il a été fait dans cette même usine de Givors des essais de chauffage à la vapeur et que ces essais y ont laissé l'opinion que le chauffage direct était préférable. Sans considérer la comparaison comme établie d'une manière certaine, nous pensons qu'il y a doute et qu'il y a lieu de répéter les expériences comparatives.

Les praticiens jugent d'ailleurs la pâte en prenant dans la main une poignée du mélange dont ils forment une pelotte par la simple pression de la main. Il faut qu'elle soit facile à coaguler, malléable, humide, et qu'elle ne se désagrège pas facilement.

Ce que le praticien cherche surtout à apprécier, c'est la proportion nécessaire du brai, afin de réduire autant que possible cette proportion. Le brai à 5 ou 6 fr. les 100 kilog. représente en effet, par chaque unité pour cent dans le mélange, 0 fr. 50 c. à 0 fr. 60. c. L'excès du brai, tout en donnant aux cassures des briquettes un aspect plus homogène et plus brillant, a d'ailleurs l'inconvénient de les rendre plus odorantes et plus fumeuses.

On admet comme démontré que les charbons gras exigent moins de brai que les charbons maigres à longue flamme, ou les charbons maigres anthraciteux. Il faut en conclure que les charbons gras chauffés et malaxés, éprouveraient une sorte de ramollissement qui permettraient de réduire la proportion du brai. Dès lors, il y aurait surtout avantage à appliquer à ces charbons le procédé du chauffage direct, qui permet d'élever la température à un plus haut degré.

En général, on peut dire que les agglomérés ont à très-peu près les mêmes qualités que les charbons qui ont servi à les fabriquer. 7, 8 ou 9 centièmes de brai mélangé, ne peuvent pas modifier bien sensiblement cette qualité.

Mais le grand avantage, c'est qu'on peut modifier les qualités d'un charbon menu par le mélange avec d'autres. Ainsi les charbons maigres à longue flamme qui abondent dans nos bassins du Centre, sont mélangés avec avantage à des charbons anthraciteux qui leur donnent plus de tenue au feu et un plus grand pouvoir calorifique.

Les malaxages que subissent les menus facilitent ces mélanges et permettent de les rendre aussi intimes que possible, condition nécessaire pour qu'ils soient efficaces.

De même que l'on corrige les charbons maigres à longue flamme par les charbons qui contiennent une plus grande quantité de carbone, on corrigera les charbons trop anthraciteux et qui par conséquent manquent de flamme, en les mélangeant à des qualités plus hydrogénées.

La fabrication des agglomérés devient ainsi un moyen de donner aux charbons-briquettes les qualités qui conviennent précisément à tel ou tel usage ; c'est encore un de ses avantages les plus précieux.

COMPRESSION DES AGGLOMÉRÉS.

La compression a pour but de transformer la pâte chaude et malaxée en briquettes dont la densité sera 1.20 et qui, une fois refroidies, présenteront les conditions de solidité réclamées par la consommation.

Les appareils destinés à opérer cette compression sont des plus variés. On sait combien est vif, dans notre pays, le désir d'avoir une machine spéciale, aussi a-t-on épuisé toutes les combinaisons mécaniques qui peuvent servir de compresseurs.

Parmi cette multiplicité d'appareils brevetés, quelques-uns seulement sont arrivés à obtenir une notoriété de bonne fabrication, démontrée par la bonne marche de plusieurs établissements ; nous citerons :

1° Les presses hydrauliques, système le plus ancien, actuellement employées par la Compagnie de la Loire à Givors ; par celles de Blanzy, d'Anzin, de Portes.

Ces presses, quelle que soit la disposition de l'appareil, sont en général au nombre de deux, l'une pour comprimer et l'autre, moins forte, pour démouler. Dans quelques petits appareils, on opère le démoulage au moyen d'un balancier mis en mouvement par le piston comprimeur ;

2° Les presses Middleton, spécifiées par un brevet pris en France en 1844. La compression est obtenue par l'action d'un cylindre à vapeur sur des pistons ou marteaux qui agissent sur une série de moules, disposés dans l'épaisseur d'une plaque tournante, de telle sorte que les opérations de la compression dans un moule, du démoulage d'un autre et du remplissage dans un troisième, peuvent se faire simultanément.

De ce type, sont dérivés deux appareils actuellement en usage : l'appareil Dethombay, où le mouvement simultané d'un marteau comprimeur et d'un marteau démouleur est transmis par un levier articulé en forme de genou, dont l'extrémité supérieure est chargé d'un poids déterminé. En second lieu, l'appareil Mazeline, dans lequel le mouvement est transmis par un balancier qui comprime successivement tous les pistons de la plaque tournante, le démoulage étant obtenu par la rotation même du plateau et par l'ascension successive des pistons sur un plan incliné.

La presse Dethombay est surtout en usage dans les fabriques de Charleroi ; la presse Mazeline est appliquée au Hàvre et à la Grande-Combe ;

3° L'appareil Évrard, employé à La Chazotte (Saint-Étienne), à Gosselies (Charleroi), à Épinac, à Brassac et dans toutes les fabriques de la compagnie des chemins de fer de Lyon-Méditerranée, consiste en une série de pistons qui foulent successivement la pâte dans des cylindres où elle se comprime par l'effet du frottement de sortie ;

4° Les roues où la compression s'obtient par la pénétration des dents saillantes que porte l'une, dans les moules que porte l'autre, système David, construit par Mazeline, et employé à Montchanin, au Hàvre, à Graissessac.

D'autres roues, sortes de cylindres tangents, dans lesquels des parties pleines de l'un correspondent à des vides pratiqués dans l'autre, refoulent la pâte par couches successives dans l'épaisseur d'une jante dont les briquettes sortent ainsi comme passées à la filière (système Voruz), employé à Nantes.

On a même soumis la pâte à l'action de laminoirs disposés de manière à la soumettre à une pression prolongée.

Parmi ces appareils et en présence des rapports contradictoires produits pour les vanter tous, il est d'autant plus difficile de conseiller un choix, que tous les charbons ne se comportent pas de la même manière pour un même mode de compression. Les uns tendres et moureux, dans lesquels domine le pulvérulent, sont faciles à agglomérer et à comprimer; tandis que d'autres, composés de grains anguleux qui s'enchevêtrent difficilement de manière à ne pas laisser de vide, exigent, au contraire, les pressions les plus énergiques.

La compression par la presse hydraulique est lente et graduelle; les menus charbons soumis à cette action ont le temps de se tasser et les vides de disparaître; la briquette acquiert le maximum de densité et, par suite, de solidité que l'on puisse espérer. En un mot, la presse hydraulique peut déterminer des pressions plus énergiques que tout autre moyen, et de plus la lenteur de son action est favorable à l'agglomération.

Les presses à marteaux semblent au contraire avoir pour but d'opérer le plus rapidement possible. La vitesse est ici la négation de la bonne compression; le coup peut être très-fort, mais son action n'a pas le temps de se transmettre jusqu'au centre de la briquette, le tassement des grains ne s'opère pas, il reste des vides qui diminuent sa densité; la briquette, s'égrenant facilement, donne lieu à déchets notables, elle présente moins de résistance sur la grille et les fragments s'y réduisent plus ou moins facilement en poussière sous l'action du ringard. Aussi, ces presses sont-elles spécialement recommandées pour la vitesse avec laquelle elles peuvent opérer, plutôt que pour la qualité des produits.

Nous donnerons quelques détails sur les presses hydrauliques appliquées à la compression des briquettes, la plupart des autres procédés ayant été déjà décrits et notre préférence personnelle étant d'ailleurs acquise aux presses hydrauliques.

La qualité de leurs produits est sans doute achetée au prix d'une lenteur qui pourrait être un grand inconvénient, si M Marsais n'avait posé dès le principe le mode à employer : comprimer à la fois de grandes masses et prolonger la compression le plus longtemps possible. Dès l'année 1842, M. Marsais produisait des masses de 150 et 300 kilogrammes, ayant supporté pendant plusieurs minutes une pression de 150 kilogrammes par centimètre carré de surface. Des sillons étaient ménagés sur les côtés, de telle sorte que ces masses pouvaient être cassées à l'aiguille, avec un déchet à peine sensible. La cassure était compacte, la densité 1,30, et les morceaux concassés formaient une gailletterie de qualité supérieure, à laquelle les bateaux du Rhône durent autrefois la supériorité de leur service.

Les formes de gros blocs, ou de gailletteries concassées, qui avaient d'abord été adoptées par M. Marsais, ne conviennent pas toujours au commerce. On préfère dans beaucoup de cas, les agglomérés sous forme de briquettes rectangulaires de 5 à 8 kilogrammes, qui se manient facilement et qui s'empilent en murailles, occupant le moins d'espace possible et sur lesquelles le moindre morceau dérobé est immédiatement trahi. La forme cylindrique mise en circulation par les appareils Évrard est également demandée par un grand nombre de consommateurs.

On doit à MM. Revollier et Cie de Saint-Étienne, l'étude et la construction de presses hydrauliques qui peuvent à la fois satisfaire aux principes posés par M. Marsais, et produire à volonté des briquettes rectangulaires ou cylindriques.

Cet appareil, composé de deux presses, l'une pour comprimer, l'autre pour démouler, est représenté **Planches XXXVII, XXXVIII** et **XXXIX**.

La **Planche XXXVII** est le plan , et la **Planche XXXVIII** représente les élévations, d'un atelier comprenant deux de ces appareils, alimentés par un malaxeur, et mises en mouvement par dix corps de pompe de compression, répartis sur trois bâtis distincts.

L'ensemble de chaque presse comprend, ainsi qu'on le voit sur le plan général, quatre moules qui se subdivisent eux-mêmes en séries de vingt et un moules à section rectangulaire, ou trente-six à section cylindrique.

La **Planche XXXIX** donne le détail de la presse de compression et de la composition d'un des moules à briquettes rectangulaires, représenté en plan, *figure* 3, et par les deux élévations, *figures 1 et 2*.

Chacun des vingt et un moules rectangulaires, porte son piston comprimeur. Ces vingt-et-un pistons reposant sur un plateau guidé, qui sert à leur imprimer un mouvement simultané.

Ce moule complexe est destiné, ainsi qu'on le voit par les élévations, *figures 1 et 2*, à être comprimé entre le plateau du piston de la presse hydraulique et un chapeau supérieur réuni à la plaque de fondation par deux boulons ou tirans en fer forgé de $0^m,22$ de diamètre.

Les figures qui sont à l'échelle, suffisent pour donner idée des dimensions des pièces de la presse ; nous nous bornerons à faire remarquer que le sommier supérieur ou chapeau, pèse plus de 7,000 kilogrammes, et que la plaque de fondation qui porte à la fois la presse à comprimer et la presse à démouler, pèse environ 14,000 kilogrammes. Ces dimensions considérables sont nécessaires pour supporter les efforts exercés par les pistons.

On voit par le plan général, qu'au moment où un moule va être comprimé, un autre se présente sous un appareil distributeur et remplisseur; de sorte que les deux opérations, compression et remplissage, sont simultanées.

Pendant que s'exécute cette double opération, un troisième moule est soumis au démoulage par l'action de la seconde presse, et le quatrième moule qui reste à découvert et qui a reçu sa charge du distributeur, sous lequel il est passé, est soumis à la surveillance d'un ouvrier qui régularise et égalise la charge, de telle sorte que tous les moules aient reçu la même quantité, sous le même tassement.

Le plateau qui porte les quatre moules doit faire, après chaque opération, un quart de tour, mouvement obtenu par une roue dentée fixée autour du plateau, et conduite dans les conditions convenables par un pignon placé sur l'arbre du distributeur.

Une opération complète, remplissage, égalisation des charbons, compression, démoulage et enlèvement des briquettes, exige deux minutes. On fait de 25 à 30 pressées par heure.

Le poids moyen de chaque pressée dans les moules rectangulaires ou cylindriques est de 180 kilogrammes.

Chaque presse débite donc une moyenne de 5 tonnes de briquettes par heure de travail.

Les **Planches XXXVII et XXXVIII** expliquent

les conditions générales du mouvement de l'usine, au moyen d'un arbre moteur principal, qui la traverse dans toute sa longueur.

Cet arbre donne d'abord le mouvement aux norias qui montent le charbon et le brai broyés. Les godets de ces norias jettent ces deux matières, par couches successives et superposées, dans une trémie, au bas de laquelle le mélange est recueilli et poussé vers le malaxeur par une vis mélangeuse. Le mélange tombe du coursier de cette vis dans le malaxeur, qui l'achève par le pétrissage et le chauffage et le rend plus intime, conformément aux conditions qui ont été indiquées précédemment.

Le malaxeur verse la pâte ainsi formée dans les distributeurs.

Le mouvement des pistons comprimeurs et démouleurs est établi dans les conditions suivantes :

Six pompes de $0^m,08$ de diamètre compriment l'eau à 40 atmosphères et soulèvent le piston d'un réservoir de pression, qui emmagasine ainsi une partie considérable de la force, dans les moments où les presses hydrauliques n'agissent pas. Quatre pompes de petit diamètre achèvent la pression et sont mises, à volonté, en communication avec les cylindres compresseurs des presses. Ces petites pompes élèvent la pression à 600 atmosphères. La pression une fois atteinte, l'eau comprimée est rejetée par les soupapes de sûreté.

La pression de 40 atmosphères suffit pour démouler et pour faire parcourir aux pistons de compression la plus grande partie de leur course; la pression de 600 atmosphères achève la compression. Le mouvement de chaque presse est donc déterminé par un double appareil de soupapes qui appliquent à volonté et successivement la petite pression d'abord, puis la grande.

Le diamètre des pistons de compression est de $0^m,420$. Ces pistons sont en fonte ou en bronze, mais les cylindres sont en fer forgé, la fonte ne pouvant contenir l'eau à 600 atmosphères.

Les pistons démouleurs ont $0^m,280$ de diamètre.

Les pistons de compression reçoivent et transmettent aux pistons des briquettes un effort de 830,824 kilogrammes.

La surface horizontale des briquettes comprimées, si, par exemple, on considère un modèle de 32 briquettes cylindriques de $0^m,133$ de diamètre, modèle employé à Montceau-les-Mines, est de $0,^{m2} 4448$.

La pression est donc de 164 kilogrammes par centimètre carré de surface de briquette.

Pour ce même modèle, la surface cylindrique des briquettes, surface dont le frottement s'oppose au démoulage, est pour $0^m,33$ de hauteur moyenne, de 4 mètres carrés 7300.

La pression qui détermine le démoulage est donc $0^k,588$ par centimètre carré.

MM. Revollier et Cie, auteurs de toutes les dispositions de ces presses hydrauliques, ont pris un brevet pour s'en assurer la propriété ; ce qui paraît surtout garantir ce brevet, c'est l'expérience qu'ils ont acquise dans la construction des détails pour des appareils dont les dimensions sont telles que les expériences et les écoles y sont des plus coûteuses.

Nous avons indiqué les motifs qui nous font préférer la compression progressive et énergique des presses hydrauliques à celle des autres appareils ; mais cette préférence n'est pas exclusive, et nous sommes tout disposé à rendre hommage aux appareils bien étudiés et bien construits qui peuvent conduire aux mêmes résultats.

La presse à vapeur est capable de fournir des pressions considérables ; elle n'a d'autre inconvénient que de ne pas prolonger son action. Mais en comprimant une seule briquette à la fois et la comprimant à plat, c'est-à-dire sur une faible hauteur, la pression peut encore être suffisante.

Parmi les presses à vapeur que construit la Société des forges et chantiers de l'Océan, nous citerons comme exemple le modèle qui fabrique des briquettes rectangulaires de 5 kilogrammes.

Le piston à vapeur, de $0^m,70$ de diamètre, soulève un balancier du troisième genre de $0^m,80$ de longueur. A une distance de $0^m,30$ du point fixe de ce balancier, est attachée la tringle du piston compresseur de la briquette. Ce piston est donc soulevé en même temps que le piston à vapeur, l'effort de celui-ci étant multiplié par le rapport de 8 à 3.

La surface du piston à vapeur étant $0^{m2},384845$, la pression exercée par 6 atmosphères effectives serait :
$$0,384845 \times 10,330 \times 6 = 23,850 \text{ kilogrammes.}$$

La pression exercée par le balancier sur la briquette sera :
$$23850 \times \frac{8}{3} = 63600.$$

La surface de la briquette est : $0^m,25 \times 0,16 = 0^{m2},04$, moins les angles abattus ; soit $0^{m2},0396$.

En supposant la pression exercée sur le piston à vapeur égale à celle de la vapeur dans les chaudières, soit 6 atmosphères effectives, la pression par centimètre carré de briquettes serait donc : $\frac{60036}{663} = 160$ kilogrammes.

Mais cette pression est considérablement réduite par la différence de pression de la vapeur dans le cylindre ; elle peut être évaluée à 120 kilogrammes, pression d'ailleurs suffisante pour une briquette de peu d'épaisseur.

Dans une fabrique d'agglomérés, l'appareil de compression semble le trait le plus essentiel, et cependant la préparation du mélange ou pâte à comprimer est évidemment plus importante.

Que l'on examine les prix de revient des usines placées dans nos bassins houillers du Nord, du Centre et du Midi, on verra que les manutentions et la compression ne représentent guère que 2 francs par tonne de briquettes, tandis que le brai nécessaire pour former la pâte figure pour 5, 6 et 7 francs.

L'économie de la fabrication doit donc être cherchée dans l'économie du brai. Réduire la consommation moyenne de 8 ou 10 pour cent à celle de 5 pour cent, serait un progrès plus sensible que tous ceux qu'on peut espérer du perfectionnement des appareils de compression. Sans renoncer encore à de nouveaux perfectionnements de ces appareils, il est donc essentiel de recommander en première ligne tous ceux qui s'appliqueront à la pâte et à l'économie du brai.

Le goudron, le brai, les huiles lourdes ont été l'objet d'expériences multipliées sans que l'on soit arrivé à obtenir cette intimité de mélange et cette pénétration qui contiennent probablement la solution du problème.

Nous voudrions que le mélange une fois fait et malaxé fût soumis à une chaleur considérable, sous une pression de 10 ou 15 atmosphères, prolongée de telle sorte que les parties essentielles pussent pénétrer les molécules du charbon. On arriverait ainsi à une transformation plus complète des menus maigres et à une plus grande malléabilité de la pâte, qui, sous une compression modérée, prendrait plus de solidité

La chaleur, la pression, et surtout les actions prolongées, sont les moyens que la nature a mis en œuvre pour former les roches sédimentaires métamorphiques, et c'est réellement une roche de cette nature que l'on cherche à produire dans la fabrication des agglomérés.

TABLE DES MATIÈRES

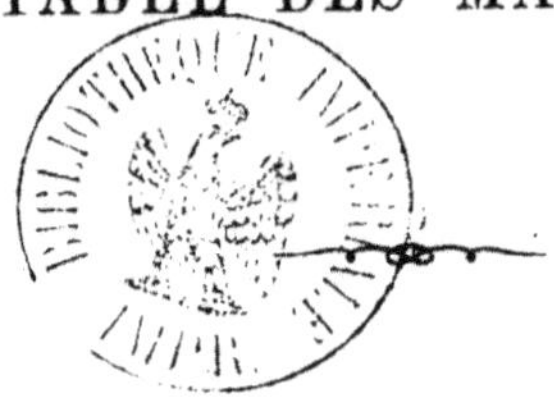

CHAPITRE III

CHAPITRE IV

CHAPITRE V

CHAPITRE VI

Impr. de A. Guyot et Scribe, 18, rue Neuve-des-Mathurins.